Im Wilden Westen ist was los!
Ein Cowboy-Spiel- und Sachbuch

Christa Holtei • Jörg Asselborn

Im Wilden Westen ist was los!

Ein Cowboy-Spiel- und Sachbuch

kbv LUZERN

Christa Holtei
studierte Anglistik, Romanistik, Philosophie und Pädagogik in Düsseldorf. Heute arbeitet sie als freie Übersetzerin und Autorin. Sie hat für den kbv LUZERN bereits zwei Bücher geschrieben und außerdem mehrere Kindersachbücher aus dem Englischen übersetzt.
Sie lebt mit ihrem Mann in Ratingen bei Düsseldorf.

Jörg Asselborn
geboren 1972 in Seeheim-Jugenheim, studierte Kommunikationsdesign mit dem Schwerpunkt Illustration an der FH Mainz und hat bisher hauptsächlich für die Werbung gearbeitet.
Er lebt als selbstständiger Designer und Illustrator in Wiesbaden.

Christa Holtei (Text)
Jörg Asselborn (Illustrationen)
Im Wilden Westen ist was los!
Ein Cowboy-Spiel- und Sachbuch

Reproduktion: Lana Repro, Lana
Druck und Bindung: Editoriale Lloyd, Trieste

Printed in Italy

ISBN 3-276-00215-9

Die Deutsche Bibliothek – CIP-Einheitsaufnahme
Im Wilden Westen ist was los!: ein Cowboy-Spiel- und Sachbuch/
Christa Holtei: Jörg Asselborn. - Aarau/Switzerland: kbv Luzern, 2000
ISBN 3-276-00215-9

Cowboys

Sagenhafte Westernhelden

Cowboys kennt jeder. Meistens jagen sie auf ihren Pferden im Wilden Westen über die Prärie, ballern mit ihren Revolvern wild herum und werden dann erschossen! Wirklich?
Viele Filme und Bücher berichten über die Cowboys, als wären sie verwegene Männer, die nur dann richtig glücklich sind, wenn sie auf einem Pferd sitzen und gegen irgendwen kämpfen können.

Erfundene Geschichten
Unzählige Groschenromane, die »Dime-novels«, erzählten ab 1880 den Menschen an der Ostküste Nordamerikas, was Cowboys, Sheriffs und Banditen im Westen erlebten. Natürlich wurde dabei übertrieben, weil die Geschichten dann viel spannender waren.
Zur gleichen Zeit schrieb Karl May (1842–1912) in Europa über den Wilden Westen, zum Beispiel in seinen Büchern »Winnetou«, »Old Surehand« oder »Unter Geiern«, aber er war selbst nie da!

Buffalo Bill
William Frederick Cody (1846–1917), »Buffalo-Bill« genannt, hat den Wilden Westen selbst erlebt. Ab 1883 zog er mit seiner Wild-west Show durch die USA und Europa. Die Show zeigte genau das, was die Menschen sehen wollten: den Überfall auf eine Postkutsche oder Indianer, die Cowboys jagten. Die Stars waren echt. Der Häuptling der Sioux war dabei, Sitting Bull, der noch sieben Jahre vorher für sein Volk gegen die Weißen gekämpft und gewonnen hatte. Oder die Kunstschützin Annie Oakley, die auf der Europareise der Show dem deutschen Kaiser Wilhelm II. die Zigarre aus dem Mund schoss.

Western
Schon in der Stummfilmzeit vor hundert Jahren gab es Western. Die guten Helden sahen meistens sehr ordentlich aus. Sie trugen weiße Hüte und immer sehr saubere Cowboykleidung. Die Bösewichter waren Banditen, Mexikaner oder Indianer. *Der große Zugraub* (1903) war der erste Stummfilm-Western. Dem Publikum wurde angst und bange, als ein Schauspieler in der Schlussszene in die Kamera zielte, als wollte er die Zuschauer erschießen.
In Cowboy-Filmen geht es immer um Gut und Böse oder Mut und Feigheit, zum Beispiel im berühmtesten Western *Zwölf Uhr mittags* (1952). Und natürlich gibt es auch Schießereien, bis schließlich jedem klar ist: Mexikaner und Indianer sind böse und jeder Cowboy ist ein Revolverheld.
Das stimmt aber nicht.

Kuhhirten und Viehtreiber

Zunächst einmal kümmern sich Cowboys um Rinder oder Kühe. Deshalb heißen sie auch so: »Kuhjungen«. Überall auf der Welt, wo Menschen sich Kühe als frei laufende Herdentiere halten, gibt es Kuhhirten, zum Beispiel in Ungarn (*csikos*), Südfrankreich (*gardian*) oder Spanien (*vaquero*; von *la vaca*, die Kuh), aber auch in Irland, Australien, Kanada und Nordamerika (*cowboy*), in Mexiko (*vaquero*) oder in Argentinien (*gaucho*).

Vaqueros im Süden

Die ersten Rinderhirten oder *vaqueros* in Amerika waren aztekische Gefangene der Spanier. Die Spanier hatten ab 1521 Mexiko und große Landstriche bis nach Nord- und Südamerika erobert. Sie hatten Hausrinder und Pferde mitgebracht, die in Amerika unbekannt waren. Ihre aztekischen Vaqueros waren bald die geschicktesten Reiter und konnten wie sonst niemand mit dem Lasso umgehen. Sie bezwangen jedes Wildpferd und ritten sogar einen gesattelten Stier, wie man es heute noch beim Rodeo sieht.

Cowboys im Norden

In Nordamerika trieben irische Einwanderer 1655 die erste Herde Stallmastkühe mit Hilfe von Hütehunden von Springfield nach Boston in Massachusetts. Sie nannten sich *cowboys*. Hundertzwanzig Jahre später war »Cowboy« ein Schimpfwort geworden und bedeutete so viel wie Bandit. Während des amerikanischen Unabhängigkeitkrieges gegen England (1775–1783) wurden die Cowboys beschuldigt, Viehdiebe im Auftrag der Engländer zu sein. Viele Cowboys gingen deshalb ins spanische Texas. Es war wohl etwas Wahres an der Beschuldigung, denn manche von ihnen stahlen in Texas dann die Wildrindherden der Vaqueros und verkauften sie.

Spezialisten

Als Texas 1845 amerikanisch wurde, hatten die Cowboys von ihren mexikanischen Kollegen viel gelernt und übernahmen sogar viele spanische Wörter für ihre Arbeit und ihre Kleidung von den Vaqueros. Sie nannten sich sogar selbst *buckaroo* [bakeruh], denn so klang das spanische *vaquero* für sie.

Als sie ab 1866 für die großen Viehtriebe gebraucht wurden, waren sie gesuchte Spezialisten und arbeiteten gegen Bezahlung.

Die Prärie im Wilden Westen

Zwischen den Flüssen Mississippi und Missouri im Osten und der Gebirgskette der Rocky Mountains im Westen liegen die Great Plains, die Großen Ebenen. Sie reichen vom Rio Grande, dem Grenzfluss zu Mexiko im Süden bis nach Kanada. Das sind 3000 Meilen (4800 Kilometer) – so weit wie von Marokko in Nordafrika bis nach Norwegen. Hier ist die berühmte Prärie des Wilden Westens. Im Süden gibt es dort sehr heiße Sommer und Trockenheit, im Norden sehr kalte Winter und Schneemassen.

Der Westen wird besiedelt

1849 begann der Goldrausch in Kalifornien. Elf Millionen Goldsucher und eine große Anzahl Siedler zogen nach Westen und gründeten Hunderte von neuen Städten. Es wurden riesige Summen für Rindfleisch geboten um die vielen Menschen zu ernähren. Nach dem Amerikanischen Bürgerkrieg (1861–1865) brauchten auch die Menschen im Norden und Osten Fleisch. Und im Süden gab es Tausende frei laufender *Longhorns* (Langhörner), Rinder mit bis zu zwei Meter langen gebogenen Hörnern.

Rinderreiche

Texanische Viehzüchter gründeten zu dieser Zeit mit ihren Ranches kleine Königreiche. Der erste dieser Rinderkönige war Richard King. Er begann 1850 mit 3000 Hektar Weideland. Zehn Jahre später besaß er die ganze Südspitze von Texas zwischen dem Rio Grande und dem Rio Nueces. Seine 100 000 Rinder konnte er für 30 bis 40 Dollar pro Tier verkaufen.

Der richtige Weg

Zwischen 1866 und 1886 trieben texanische Cowboys riesige Rinderherden nach Norden bis nach Wyoming und Montana oder zu den nächsten Verladebahnhöfen der Rinderstädte in Kansas, wie Dodge City oder Abilene.
Heute sieht es in den Filmen so leicht aus, eine Herde durch die Prärie zu treiben. Aber man brauchte erfahrene Leute, die die richtigen Wege durch die unbekannte wilde Natur auch fanden.

Der Chisholm-Trail

1866 verloren die ersten Treibherdenführer viele Tiere, weil sie den 760 Meilen (1200 km) langen Weg von San Antonio/Texas nach Abilene/Kansas nicht genau wussten. Der Fuhrunternehmer Jesse Chisholm (1805–1868) kannte sich im Gebiet von Kansas und dem Indianer-Territorium der Cherokees (heute Oklahoma) aus und zeigte den Cowboys den *Trail* (Weg). Millionen Longhorns wurden 15 Jahre lang über diesen »Chisholm-Trail« getrieben.

Outfit

In vielen Western sind Cowboys immer Weiße. Auch das stimmt nicht. Weiße, Schwarze, Mexikaner und Indianer waren gemeinsam in einem *outfit*, also in einem Cowboyteam. Sie kamen sehr gut miteinander aus und sprachen Spanisch bei der Arbeit. Die indianischen Cowboys waren außerdem gute Dolmetscher, wenn sie unterwegs auf Indianer trafen.

Hartes Leben

Cowboys mussten monatelang Hitze, Kälte, Sand- und Hagelstürme aushalten. Manchmal saßen sie länger als vierundzwanzig Stunden im Sattel und verteidigten dabei oft noch ihre Herde gegen Viehdiebe. Ihr Lohn war gering: etwa 30 Dollar pro Monat und Verpflegung. Wieso wurden sie dann Cowboys? Andy Adams erzählt in seinem *Tagebuch eines Cowboys* (1903), warum er 1882 mit zwanzig Jahren nichts lieber tun wollte.

Der erste Viehtrieb

Damals war das San-Antonio-Tal in Texas fast nur Weideland und ich lernte alles, was ich als Cowboy wissen musste. Ich konnte mit Pferden und Rindern umgehen, Spanisch sprechen und die Fiedel spielen.

Als ich zwanzig war, erzählte mein ältester Bruder Robert über einen Viehtrieb, den er mitgemacht hatte. Er beschrieb das Land im Norden und ich brannte darauf, es selbst zu sehen. Ich hatte immer gedacht, mein Leben wäre aufregend, aber was war das schon gegen die Abenteuer auf einem Trail?

Ich bat Robert immer wieder mich auf seinen nächsten Viehtrieb mitzunehmen. Aber er sagte: »Nein. Auf dem Trail gibt es keine Extrawurst. Wenn du als mein Bruder dabei bist, denken die anderen, du bist etwas Besonderes. Wir müssen im Team arbeiten. Streitereien können wir da nicht brauchen.«

Er besorgte mir aber einen Platz bei einem anderen Trailboss. Meine Mutter und meine Schwestern lachten mich aus, als ich die Nachricht bekam, denn ich stolzierte herum wie ein Pfau. Sie behaupteten sogar, ich säße gerader auf meinem Pferd als vorher. Mag sein, aber schließlich würde ich im nächsten Sommer einen Viehtrieb in den Norden mitmachen!

Kleidung

Die Kleidung der Cowboys musste etwas aushalten können, weil sie viele Monate getragen wurde. Erst am Ende des Trails, wenn sie in der Rinderstadt angekommen waren, kauften die Cowboys sich neue Kleidung und warfen die alte weg. Sie gönnten sich natürlich auch ein Bad, denn nach ein paar Monaten roch nicht nur die Kleidung nach Pferden und Rindern …

Zur Cowboykleidung gehörte ein Baumwollhemd im Sommer oder ein warmes Flanellhemd im Winter und eine Weste oder Jacke aus Kalbs- oder Hirschleder, in deren Taschen man Tabaksbeutel, Geldbörse und Taschenmesser verstauen konnte. Außerdem ein langer Regenmantel aus Segeltuch (*slicker*) und natürlich die *Long Johns* (»Langer Hans«), Unterwäsche aus Flanell, die vom Hals bis zu den Füßen reichte.

Hüte

Von seinem Hut trennte sich ein Cowboy nie. Immerhin kostete er 15 bis 30 Dollar, also einen halben oder sogar ganzen Monatslohn. Ein neuer Hut aus Biber- oder Kaninchenfilz wurde mit der Öffnung nach oben ganz ins Wasser getaucht, sodass er innen nicht nass wurde, und zwischen Tüchern ausgeklopft. Er bekam den typischen Kniff und der Cowboy setzte sich mit dem feuchten Hut auf dem Kopf ans Lagerfeuer und wartete, bis er trocken war und ihm wie angegossen passte. Danach verzierte er ihn mit einem selbst gemachten Hutband aus Leder, Schlangenhaut oder Seide.

Selbst beim Schlafen legte er sich den Hut als Schutz gegen Sonne, Regen oder Insekten übers Gesicht. Im Winter konnte er die Krempe herunterbinden und die Ohren schützen. Sogar Wasser oder Futter für das Pferd wurden im Hut transportiert.

Als John B. Stetson 1866 seine Hüte auf den Markt brachte, wurde der »Stetson« zum Wahrzeichen des Westens.

Stiefel

Das zweite wertvolle Kleidungsstück eines Cowboys waren seine Stiefel. Sie waren spitz, damit ein Cowboy seine Füße schnell in die Steigbügel stecken und sie bei Gefahr auch schnell wieder herausziehen konnte. Ab 1860 hatten sie hohe, abgeschrägte Absätze, damit die Füße nicht so leicht nach vorne aus den Steigbügeln rutschten.

Einem Cowboy seine Stiefel zu stehlen war fast so schlimm wie Pferdediebstahl. In der Wildnis und der Sommerhitze waren Stiefel dringend notwendig gegen Schlangenbisse und zum Schutz vor glühend heißem Sand und Dornengestrüpp. Damit sie nicht verloren gingen, behielt ein Cowboy sie oft auch beim Schlafen an.

Hose

Um 1866 waren Jeans bei den Cowboys verpönt! Sie wollten nicht aussehen wie Goldsucher und Farmarbeiter und trugen lieber Hosen aus Wollstoff. Diese Hosen leierten natürlich schnell aus und waren nach einem Trail mit Flicken übersät. Sie waren an der Hüfte eng geschnitten. So brauchte man keine Hosenträger, die die Schultern wund gescheuert hätten, und auch keinen Gürtel. Wenn ein Pferd ausschlug und den Bauch eines Cowboys traf, hätte die Gürtelschnalle ihn schwer verletzt. Über die Hosenbeine wurden so genannte Leggings oder »Chaps« ([schäps]; von spanisch *chaparejos*, Beinschutz) gebunden. Sie waren aus Ziegenfell oder Leder und schützten die Beine vor den Dornsträuchern der Prärie, vor Kaktusstacheln und vor den Hörnern der Longhorns.

Bandanna

Um den Hals trugen die Cowboys die so genannte Bandanna, ein Halstuch. Es war zunächst aus einfacher weißer Baumwolle, aber später wurde es Mode, knallrote Tücher zu tragen.
Das Tuch wurde zu einem Dreieck gefaltet und umgebunden. Das Dreieck konnte als Staubschutz vor Mund und Nase gezogen werden. Oder es wurde in Wasser getaucht, aufgerollt und bei Hitze unter den Hut um die Stirn gelegt. Die Cowboys banden es auch einem erschreckten Pferd als Scheuklappe um, filterten damit Schmutz aus Flusswasser, das sie trinken wollten oder benutzten es als Verband bei Verwundungen.

Cowboykleidung

Die Cowboys von heute tragen Jeans und dazu ein kariertes Hemd. Bindet euch ein rotes Halstuch oder ein Stück bunten Stoff (40 x 40 cm) als Bandanna um. Und wenn ihr eine Weste habt, könnt ihr die natürlich auch anziehen. An die Füße kommen Stiefel oder Turnschuhe. Eine Anleitung für einen Sheriffstern findet ihr auf Seite 32.

Geldbeutel

Cowboys waren sehr geschickt. Sie konnten nähen und flechten um sich ihre Sachen zu flicken oder zu verzieren. Aus Pferdehaaren, Lederstreifen und Lederstücken haben sie viele praktische Dinge hergestellt, wie Sattelgurte, Peitschen, Hutbänder, Gürtel und Tabaksbeutel. Macht euch doch einen Geldbeutel selbst, in den ihr ein paar Münzen steckt. Mehr Geld brauchten die Cowboys unterwegs auch nicht, denn in der Prärie kann man nicht viel kaufen.

Ihr braucht:
✯ 1 Stück weiches Leder (Fensterleder) oder festen Stoff (20 x 20 cm) ✯ Schnürsenkel, dünne Lederriemen oder Zwirn (ca. 80 cm) ✯ 1 Schusterahle oder Lochzange für Ledergürtel

1. Leder oder Stoff kreisrund zuschneiden und zwei Laschen stehen lassen, damit man den Beutel leicht aufziehen kann (siehe Bild).

2. 2 cm von der Kante entfernt rundherum mit der Ahle Löcher bohren, den Schnürsenkel hindurchziehen und verknoten. Damit könnt ihr euren Geldbeutel zuziehen und am Gürtel befestigen.

Hutband

Ihr braucht:
✯ 1 Filzhut mit breiter Krempe (vielleicht von Karneval?) ✯ 1 Sicherheitsnadel
✯ 12 ca. 1–1,5 m lange Bänder, Lederriemen oder dicke Wollfäden ✯ 1 Kissen

1. Die Bänder oder Riemen an einem Ende zusammenknoten und mit der Sicherheitsnadel auf dem Kissen feststecken.

2. Aus drei Strängen mit je vier Bändern einen Zopf flechten, vom Kissen abmachen und um den Hut binden.

Chaps

Chaps waren einfache Röhren aus Leder (*shotguns*, »Flinten«) oder aus Ziegenfell (*woollies*, »Wollige«). Die so genannten »Fledermausflügel« (*batwings*) konnte man um die Beine binden ohne die Stiefel auszuziehen. Eure selbst gemachten *batwings* könnt ihr mit Wildwest-Bildern aus Filz verzieren, zum Beispiel mit Hufeisen, Kaktus oder Sheriffstern.

Ihr braucht:

✶ 2 Rechtecke aus festem, steifen Stoff oder Plastik (12 cm höher als eure Taille und 25 cm breiter als der Umfang eures Oberschenkels) ✶ bunten Filz ✶ Maßband ✶ Schere ✶ Bleistift ✶ Klebeband für Pakete ✶ 8 kurze Schnürsenkel oder Kordelstücke ✶ Gürtel

1. Die innere Länge eurer Beine ausmessen und das Maß auf eine lange Seite eines Rechtecks übertragen. Jetzt auf das Material von der Markierung aus einen breiten Bogen bis hinauf zur Taillenkante zeichnen und ausschneiden. Das Gleiche spiegelverkehrt für das andere Bein mit dem zweiten Rechteck machen.
2. Eine kurvige Linie auf die Außenseite der Chaps zeichnen und ausschneiden.
3. Das Taillenband an beiden Chaps um die Hälfte umbiegen (6 cm) und auf der Innenseite mit dem Klebeband so festkleben, dass ein Gürtel durchpasst.
4. In die Innen- und Außenseiten jeweils vier Löcher bohren. Acht kleine Kreise aus dem Filz ausschneiden, ein Loch durch die Mitte bohren und auf die Vorderseite der Chaps über die Löcher kleben. Schnürsenkel durch die Filzkreise ziehen und festknoten.
5. Gegen die vordere Außenseite ein breites Filzband kleben und fransig einschneiden.
6. Gürtel durch das Taillenband ziehen und die Chaps umbinden wie eine Schürze. Die Schnürsenkel durch die hinteren Löcher ziehen und die Chaps um die Beine herum festbinden.

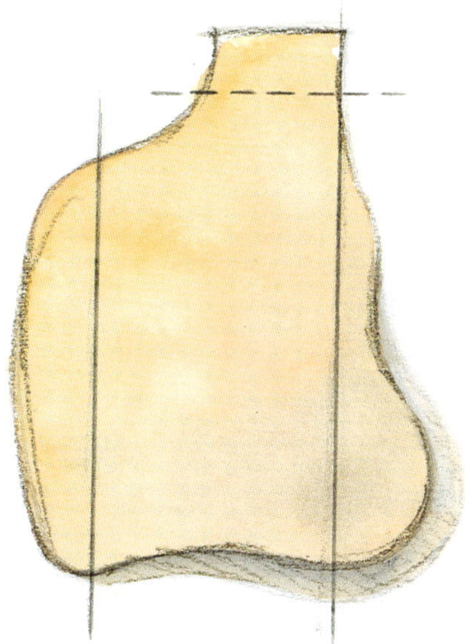

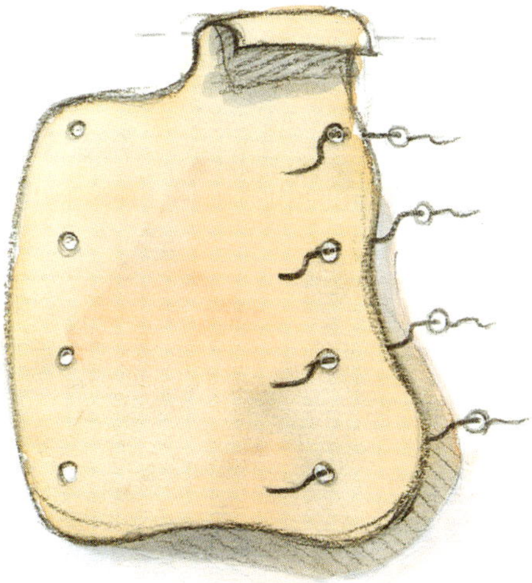

Der Trail

Die Trailbosse (Treibherdenführer) von damals haben Logbücher geführt, während sie mit einer Rinderherde unterwegs waren. Sie haben also wie Kapitäne auf See alles, was täglich passierte, in eine Art Tagebuch geschrieben, um später über die Herde Rechenschaft ablegen zu können. Aus diesen Logbüchern und aus vielen Geschichten von ehemaligen echten Cowboys wie Andy Adams wissen wir genau über die Arbeit auf einem Trail Bescheid.

Es geht los

Das Outfit, also das Cowboyteam, wurde für einen Trail angeheuert und traf sich Ende März/Anfang April im Gebiet einer Ranch um die Herden verschiedener Besitzer zusammenzuführen und zu zählen. Oft bestand die Treibherde aus 3000 Tieren und wenn alle am Ende des Trails ankamen, konnten die Viehzüchter 90000 bis 120000 Dollar für eine solche Herde bekommen.

Der wichtigste Mann bei einem Trail war der Trailboss. Er war verantwortlich dafür, dass die Herde am Ende ohne größere Verluste auch ankam, dass seine Cowboys auf dem drei- bis sechsmonatigen Weg an Vorräte kamen und ihre Bezahlung erhielten.

Vierzehn Cowboys, manchmal mehr, begleiteten die Herde. Sie brachten mit, was sie auf dem Trail brauchten: den langen, gelben Regenmantel (*slicker*), der zusammengerollt hinten auf den Sattel gebunden wurde, eine Wasserflasche, die Reitpeitsche und die Sporen mit großen stumpfen Rädern, um die Pferde nicht zu verletzen. Das Gewehr für die Jagd und die Bettrolle fuhren auf dem Küchenwagen mit.

Der Sattel

Das Wichtigste und Teuerste, das ein Cowboy besaß, war der Sattel mit dazugehörigem Zaumzeug. Ein Texassattel kostete 40 Dollar (also anderthalb Monatslöhne) und wog ungefähr 30 bis 50 Pfund. Er bestand aus Holz und mehreren Schichten Rohhaut und gegerbtem Leder. Er musste so schwer sein, damit er bei der Arbeit auf dem Pferd nicht so schnell kaputtging. Ein guter Sattel hielt ein Leben lang.

Eine Art Lehne (Krone) gab dem Cowboy beim Sitzen Halt und am Sattelhorn direkt vor sich konnte er das Lasso befestigen. Die Cowboys ritten mit langen Steigbügeln und gestreckten Beinen. Das war über lange Zeit viel bequemer. Wenn man nämlich mit angezogenen Knien reitet, wie es Turnierreiter tun, hopst man bei jedem Schritt auf dem Sattel herum und das hält man nicht stundenlang aus.

Ordnung auf dem Trail

Der Trailboss ritt an der Spitze der Herde und bestimmte die Richtung, denn er kannte den Weg am besten. Hinter ihm waren die Leittiere, denen die Herde wie eine lange Schlange folgte. Longhorns waren langbeinige, kräftige Rinder und die Geschwindigkeit von Pferden machte ihnen nichts aus.
Rechts und links von der Herde ritten jeweils sechs Cowboys: die Spitzenreiter (*points*) hielten die Herde in der Richtung des Trails und die Flügelreiter (*swings*) sorgten dafür, dass sie nicht zu breit auseinander lief. Die Flankenreiter (*flanks*) suchten nach verirrten Tieren und achteten darauf, dass die Geschwindigkeit der Rinder gemächlich blieb. Am Schluss ritten die unerfahrensten Cowboys, die Schlussreiter (*drags*), und sorgten dafür, dass kein Tier zurückblieb. Diese Aufgabe war die unangenehmste, denn die Schlussreiter schluckten den gesamten Staub, den dreitausend Tiere vor ihnen aufwirbelten. Meistens hatten sie deshalb ihre Bandanna (Halstuch) vor Mund und Nase gebunden. Neben den Schlussreitern trieb der Wrangler die Remuda vor sich her.

Die Remuda

Die Cowboys besaßen keine eigenen Pferde, sie bekamen sie vom Rancher. Für jeden Cowboy wurden zehn Pferde benötigt: Eines wurde geritten und die neun anderen liefen ungesattelt und frei mit, bis sie gegen ein müdes Pferd ausgetauscht wurden. Eine Herde mit 3000 Rindern konnte immerhin mehrere Kilometer lang sein, sodass die Pferde oft lange Strecken zurücklegen mussten. Die Reservepferde bildeten also eine eigene kleine Herde, eine *Remuda* von 150 Tieren. Ein Pferdetreiber, der Wrangler, beaufsichtigte sie. Zu Beginn eines Trails wählte sich jeder Cowboy seine zehn Pferde aus und der Wrangler musste genau behalten, wer welche Tiere reiten wollte.

Gefahren auf dem Trail

Der Chisholm Trail war einer von vielen Trails. Er begann in Brownsville am Golf von Mexiko. Dann ging es weiter über San Antonio Richtung Red River Station, von da durch das Indianer-Territorium (heute Oklahoma) bis nach Caldwell/Kansas. Von hier kam man entweder nach Dodge City oder nach Ellsworth oder über Wichita und Newton bis nach Abilene. Es war eine Strecke von ungefähr 760 Meilen (1200 km). Eine Herde schaffte ungefähr 15 Meilen (24 km) am Tag, sodass der Trailboss etwa drei Monate für den Weg berechnete. Cowboys, die mit einer Herde Anfang April starteten, waren also Ende Juni, Anfang Juli in Abilene. Wenn nichts dazwischen kam …

Über den Fluss

Von Brownsville nach Abilene musste man ungefähr sieben Flüsse überqueren und das mit 150 Pferden, 3000 Rindern und dem Küchenwagen. Es dauerte oft Stunden, die Rinder in Gruppen zu mehreren Hundert über den Fluss zu treiben. Zwei Cowboys auf ihren Pferden schwammen nebenher. Sie ließen die Zügel locker, damit die Tiere sich im Wasser frei bewegen konnten und nicht in Panik gerieten.
Solch eine Flussüberquerung ging sehr ruhig und schweigend vor sich. Laute Geräusche und hastige Bewegungen hätten die Rinder so beunruhigt, dass sie mitten im Wasser immer im Kreis geschwommen wären.

Manchmal wurde auch geschossen

Oft mussten sich die Cowboys gegen Klapperschlangen, Kojoten, Pumas und Wölfe wehren. Oder es kamen Viehdiebe, die versuchten einen Teil der Herde auseinander zu treiben und mitzunehmen. Manchmal gaben sie auch vor, selber Besitzer der Tiere zu sein. Und obwohl Cowboys im allgemeinen mit den Indianern gut auskamen, konnten sie auch mit ihnen Ärger bekommen, wenn sie mit der Herde unerlaubt in ein Indianergebiet eindrangen. Manchmal entpuppten sich die Indianer auch selbst als Viehdiebe. Schließlich hatten die Weißen ihre Büffelherden ausgerottet und sie wussten sich oft nicht anders zu helfen, wenn sie Hunger hatten.
Für diese Fälle hatten Cowboys Gewehre oder Revolver, um sich oder die Herde der Rancher zu verteidigen. Bei der Arbeit trugen sie keine Waffen, weil sie ihnen im Weg gewesen wären. Normalerweise waren die Gewehre dann im Küchenwagen verstaut.

Stampede!

Das Schlimmste, was den Cowboys mit einer großen Herde passieren konnte, war eine *Stampede* (von spanisch *estampido*, Knall, Krachen). Eine *Stampede* konnte ausgelöst werden, wenn ein Zweig in der Nacht knackte oder ein Cowboy ein Streichholz für seine Zigarette anstrich, wenn auch tagsüber ein Gewitter oder Sandsturm aufzog oder sich ein wildes Tier näherte. Die aufgeschreckten Rinder wurden so panisch, dass sie sogar aus dem Schlaf heraus aufsprangen und blind losrannten. Wer ihnen im Weg stand, wurde niedergetrampelt. Die Cowboys mussten versuchen, 3000 Tiere, die in rasender Geschwindigkeit wegliefen, wieder zusammenzutreiben und zum Stehen zu bringen. Meistens versuchten sie, die rasende Herde in eine »Mühle« zu treiben, sodass die Tiere nicht weiterrannten, sondern immer im Kreis liefen und dabei müde wurden. Wie lange das dauern konnte, steht in diesem Logbucheintrag.

April 16, 1882

Nueces-Fluss ohne Probleme überquert und Herde am Atascosa entlang Richtung San Antonio getrieben. Tiere gut eingewöhnt und leicht zu handhaben.

April 17, 1882

Insgesamt vierzehn Stunden im Sattel; kaum geschlafen. Heute Nacht um zwei Uhr erste Stampede. Nachtwache verlief ruhig, bis Johns Pferd in Präriehund-Bau trat und stürzte. Schlafende Herde sprang auf und rannte los. Gesamtes Outfit auf die Pferde; versucht, Herde zusammenzuhalten, aber Hunderte Tiere rannten in alle Richtungen davon; Outfit teilte sich und folgte. Versucht, Großteil der Longhorns in Mühle zu treiben, gelang erst um sechs Uhr morgens und zwanzig Meilen vom Lager entfernt. Suchten restliche Tiere, als es hell wurde.

Mit frischen Pferden ab zwei Uhr nachmittags Herde zusammengeführt und gezählt. Tiere von benachbarten Ranches aussortiert und zu den Weiden zurückgebracht. Wegen Brandzeichen kein Problem.

Um sechs Uhr abends Herde ruhig auf dem Schlafplatz; noch alle Tiere da, aber einen ganzen Tag verloren. Keiner verletzt, nur Schrammen, verlorene Hüte und zerrissene Hemden. Abendbrot erste Mahlzeit des Tages. Nachtwache für heute eingeteilt.

Nachtlager

Tagsüber saßen die Cowboys also im Sattel und taten ihre Arbeit mit der Herde. Es gab nur eine Mittagspause und dann ging es weiter. Wenn die Dämmerung einsetzte, waren Menschen und Tiere müde. Gegen sechs Uhr abends musste vor der Dunkelheit ein Schlafplatz für die Herde gefunden sein. Longhorns schlafen gerne auf trockenem Präriegras und auf kleinen Anhöhen, weil dort im heißen Sommer eine kühle Nachtbrise weht. Die Cowboys mussten die Tiere langsam einkreisen, bis sie sich auf gut zwei Hektar Land niederließen.

Nachtwache

Beim Abendessen teilte der Trailboss die Nachtwachen ein. Von acht Uhr abends bis sechs Uhr morgens mussten jeweils drei Cowboys die Herde bewachen. Sie wurden alle zweieinhalb Stunden abgelöst und durften dann auch schlafen.

Die Nachtwachen hatten besondere Pferde, die nachts gut sehen konnten und ruhig waren. Nervöse Pferde hätten eine Stampede auslösen können. Die Cowboys ritten ungefähr in zwanzig Metern Abstand immer im Kreis um die schlafende Herde herum. Nachtpferde lernten ihre Aufgabe sehr schnell und ein Cowboy konnte auch ruhig mal auf dem Sattel eindösen, sein Pferd lief im gleichen Abstand ruhig weiter.

Zwei Cowboys ritten in die gleiche Richtung und der dritte ritt ihnen entgegen. So konnten sie jederzeit sehen, ob ein Rind weglief oder ob sich jemand unbefugt näherte. Normalerweise sangen oder pfiffen die Nachtreiter leise vor sich hin. Dadurch wussten die schlafenden Menschen und Tiere, dass alles in Ordnung war. Es gibt heute noch »Rinderschlaflieder« aus dieser Zeit, wie dieses. *Dogies* sind übrigens mutterlose Kälbchen.

O sagt, kleine Kälbchen, wann legt ihr euch hin und hört auf mit dem ewigen Weiterziehn?
Ich bin so müde, mein Pferd humpelt schon, doch wenn ihr weglauft, krieg ich keinen Lohn.
Legt euch hin, kleine Kälbchen, legt euch hin. Hei-i-ho, hei-i-ho, hei-i-ho.

Lagerfeuer

Wenn um acht Uhr die erste Gruppe Nachtwachen zur Herde ritt, tranken die anderen noch einen Kaffee am Lagerfeuer und spielten Karten, Würfel oder Domino. Und weil es keinen Tisch gab, wurde eine Schlafmatte aufgerollt und dann ging es zur Sache. Glücksspiele waren allerdings auf dem Trail verboten um Streitigkeiten zu vermeiden.

Oft wurden auch Lieder gesungen und dazu Fiedel, Gitarre oder Ziehharmonika gespielt. Oder es wurden Geschichten erzählt. Erfundene oder wahre, das war ganz egal, Hauptsache sie waren spannend oder komisch und vor allem gespickt mit Cowboyweisheiten, wie »Reiten ist mehr als nur im Sattel sitzen und die Füße baumeln lassen!«

Am besten war das »Lügengarn«, bei dem man schwindeln und übertreiben durfte, wie man wollte. Dabei ging es oft um den ständigen Kampf mit der Natur, zum Beispiel bei der Geschichte von Pecos Bill, der einen Wirbelsturm mit dem Lasso eingefangen und dann zugeritten hatte wie ein Wildpferd. Dabei wurde der Sturm ganz brav!

Cowboyspiele

Rinder zählen

Wenn Cowboys Rinder zählten, benutzten sie eine Zählschnur, die vorne am Sattelhorn befestigt war. An dieser Zählschnur waren zehn Knoten. Vier Cowboys auf Pferden standen sich zu zweit gegenüber und die anderen trieben die Herde einzeln zwischen ihnen durch. Zur besseren Kontrolle zählten alle vier die Rinder. Sie nahmen bei jedem hundertsten Rind den nächsten Knoten in die Hand. So konnte man mit zehn Knoten tausend Rinder zählen.

Ihr braucht:

- 1 Würfel
- 1 Blatt Papier und 1 Bleistift pro Spieler
- bis sechs Spieler

1. Die Trailbosse schreiben auf das Blatt Papier die Zahlen 1–10 senkrecht untereinander. Hinter jede Zahl kommt noch ein Malzeichen.
2. Reihum wird jetzt gewürfelt. Die gewürfelten Zahlen werden jeweils hinter die zehn aufgeschriebenen Zahlen gesetzt.
3. Die aufgeschriebenen mit den gewürfelten Zahlen malnehmen und die Ergebnisse zusammenrechnen. Wer jetzt die größte Herde hat, hat gewonnen.

Domino-Wette

Abends am Lagerfeuer wusste Jim immer neue Tricks. Die anderen waren schon gespannt, was er auf Lager hatte. Heute nahm er seine 28 Dominosteine und kippte sie auf die Schlafdecke. Dann sagte er: »Jungs, ich wette, wenn ihr die Dominosteine alle hintereinander legt, immer die gleichen Augenzahlen aneinander, dann endet die Schlange auf der einen Seite mit einer Zwei und auf der anderen mit einer Fünf.«
»He, passt auf, er will uns reinlegen!«, rief Bill.
»Quatsch, ich mach's«, sagte Jeff. »Ist doch bloß ein Spaß!«, und er legte die Steine aneinander. »Ich glaub's nicht!«, lachte er, als er fertig war. Am einen Ende lag die Zwei, am anderen die Fünf. »Kannst du hellsehen?«, fragte er, aber Jim lächelte nur.

(*Jims Trick*: Er hat heimlich den Stein mit 2 und 5 Augen aus dem Spiel genommen. Hätte er den mit 3 und 4 Augen herausgenommen, hätten an den Enden der Schlange die Drei und die Vier gelegen. Nur Steine mit gleichen Augenzahlen darf man nicht nehmen!)

Greenhorn

Greenhorns (»Grünhörner«) sind eigentlich junge Rinder mit noch nicht voll entwickelten Hörnern. Wenn ein Cowboy zu jemandem Greenhorn sagte, dann meinte er, dass der andere noch nicht viel Ahnung von dem hatte, was er tat.

Ihr braucht:

- 1 Kartenspiel mit 32 Karten (bei mehr als vier Spielern zwei Kartenspiele)
- 3 und mehr Cowboys oder Cowgirls als Mitspieler
- Korken (einer weniger als Mitspieler da sind)

1. In Cowboyart (Schneidersitz) im Kreis auf den Boden setzen und in die Mitte die Korken legen.
2. Aus dem Kartenspiel pro Mitspieler vier Karten mit gleichem Wert heraussuchen (4 Könige, 4 Damen, 4 Asse usw.). Diese Karten gut mischen und gleichmäßig an alle verteilen. Die restlichen Karten werden nicht gebraucht.
   Ziel:
   Es muss schnell gespielt werden. Jeder muss so schnell wie möglich vier Karten mit gleichem Wert auf der Hand haben.
3. Auf Kommando legen die Mitspieler gleichzeitig eine ihrer Karten ihrem linken Nebenmann hin, nehmen ihre neuen Karten auf und ordnen sie ein. Dann die nächste weglegen usw.
4. Wer zuerst vier Karten mit gleichem Wert in der Hand hat, schreit »Yippieh!« und nimmt sich rasch einen Korken, die anderen spielen schnell weiter, bis auch sie vier gleiche Karten und einen Korken haben.
5. Wer als Letzter übrig bleibt und keinen Korken mehr bekommt, ist leider ein Greenhorn.

Prärieküche

Trailboss und Cowboys mussten natürlich auf einem Trail auch etwas essen. Und weil man mitten in der Prärie nicht mal eben an einem Schnellimbiss vorbeikam, fuhr der Küchenwagen (*chuckwagon*, Essenswagen) mit. Dieser Wagen war der Mittelpunkt der Lagerplätze. Er fuhr der Herde voraus und wenn die Cowboys die Tiere auf den Schlafplatz getrieben hatten, gab es schon eine Tasse Kaffee und etwas zu essen.

Chuckwagen

Der Chuckwagen war ein Planwagen mit vier Rädern und wurde von vier Pferden oder Maultieren gezogen. Das Besondere war die »Küchenkiste«. Wenn man von hinten an den Wagen herantrat, konnte man von diesem Schrank einen Deckel herunterklappen und mit einem Balken abstützen. Das war der Arbeitstisch für den Koch. Bei Regen wurde eine Schutzplane darüber gespannt.

Im Schrank gab es Schubladen und Fächer für Arzneien, Tabak und Reispapier zum Zigarettendrehen, Zinnteller und Tassen, Besteck, Mehl, Zucker, Kaffee, Schmalz und was man sonst zum Kochen so brauchte. Eine Schublade gehörte dem Trailboss für die Herdenpapiere, das Brandzeichenbuch und das Logbuch.

In weiteren Kisten lagerten Brandeisen, Werkzeuge, Munition und Waffen, aber auch schwere Töpfe und Pfannen. Sie passten genau ineinander und sparten so Platz.

Unter dem Chuckwagen hingen Rohhautsäcke mit Holz und Kohle zum Feuern und seitlich am Wagen stand für alle erreichbar das Wasserfass auf einem Brett. Im Wagen selbst lagen das Kochgestell für die Feuerstelle, der tragbare Ofen zum Brotbacken und die Vorratsfässer für drei bis vier Monate. Außerdem waren da Bettrollen für alle, Musikinstrumente und trockene Kleidung.

Der Koch

Hundert Meter um den Chuckwagen herum hatte der Koch (*Cook*) das Sagen. Und wehe, es kam ihm einer in die Quere! Ein Koch konnte fluchen und schimpfen wie sonst keiner und er konnte sich das auch erlauben, denn er war der wichtigste Mann nach dem Trailboss oder dem Rancher. »Ein paar gute Flüche haben mehr Einfluss auf Cowboys als ein guter Rat!«, war die Meinung vieler Köche. Sie mussten allerdings auch gut kochen können, sonst streikten die Cowboys und trieben die Herde erst weiter, wenn ein neuer Koch gefunden war.

Ein guter Koch bekam monatlich 20 Dollar mehr als die Cowboys. Dafür stand er als Erster auf und ging als Letzter schlafen, konnte Hufeisen schmieden und Wagenräder reparieren, Kleidung flicken und Stiefel ausbessern, Haare schneiden, Zähne ziehen und Wunden versorgen. Er wusste die besten Geschichten, kannte die meisten Cowboyweisheiten und schlichtete Streitigkeiten. Die Cowboys nannten ihn liebevoll Cookie (»Keks«) und wenn sie schlecht auf ihn zu sprechen waren, »Nudelholz« oder »Sauerteig«.

Mahlzeiten

Es gab drei kräftige Mahlzeiten pro Tag, denn Cowboys mussten genug essen um die schwere Arbeit durchzuhalten. Schon zum Frühstück gab es Brot und Steaks. Rindfleisch oder gesalzener Schweinespeck wurde aber auch mit Bohnen, Zwiebeln und Chilischoten zusammen als Eintopf gekocht. Dazu gab es Brot oder Sauerteigbrötchen, die »Bärentritte« (*bear signs*) hießen.

Zu jeder Mahlzeit wurde der berühmte Arbuckle-Kaffee aus Pittsburgh/Pennsylvania getrunken. In jedem der roten Päckchen war ein gestreiftes, längliches Pfefferminzbonbon versteckt. Die Cowboys halfen sehr gerne beim Kaffeemahlen, bestanden aber dafür auf diesem Bonbon als Belohnung.

Cowboys warfen die Reste von Mahlzeiten ins Feuer, damit keine wilden Tiere angelockt wurden. Und hinter den Cowboys aufräumen tat der Koch bestimmt nicht! Wer seinen Teller und seine Tasse am Lagerfeuer vergaß und nicht in die Spülschüssel legte, hatte eben keine mehr.

Cowboyrezepte

Der »Teufelskerl-Eintopf« (*son-of-a-gun-stew*) war das Geheimrezept eines Kochs, über das er nur so viel verriet: »Ganz einfach, man tut alles in einen Kessel, was grün und scharf ist, was man mit Hammer und Zähnen zerkleinern kann und dazu alles vom Rind außer Haut, Hufen und Knochen!«

Texanischer Bohnentopf

Ihr braucht:

- 300 g Rinder- oder Schweinegehacktes
- 1 Zwiebel
- 1 kleine Dose rote oder weiße Bohnen
- 1 Dose Mais
- 1 kleine Dose Tomaten
- 1 Knoblauchzehe
- Salz
- Pfeffer
- Oregano
- Basilikum
- Thymian
- Chilipulver (ganz wenig, sehr scharf!)
- Öl zum Braten

1. Öl in einer Pfanne erhitzen und Hackfleisch anbraten, bis es krümelig ist. Die gehackte Zwiebel und die zerkleinerte Knoblauchzehe kurz mitbraten.
2. Die Dosentomaten in die Pfanne geben und zerkleinern, die abgeschütteten Bohnen dazu und die Gewürze. Vorsicht mit dem Chilipulver! Lieber erst mal wenig.
3. Gut zwanzig Minuten auf kleinerer Flamme kochen lassen, bis der Tomatensaft etwas eingekocht ist.
4. Noch mal probieren: Wer es schärfer mag, tut ruhig noch etwas Chili dran.
5. Auf Teller geben und mit Brot essen.

Prärie-Popcorn

In Wüstengebieten aßen Cowboys »Panola« gegen den Durst: geröstetes, gewürztes und gesüßtes Maispulver. Eure Maiskörner braucht ihr nicht zu mahlen, macht einfach Popcorn daraus.

Ihr braucht:

- 1 Tüte getrocknete Maiskörner
- Speiseöl
- Salz oder Zucker
- breiter Topf mit Deckel

1. Öl im Topf langsam erhitzen (Vorsicht, es wird sehr heiß!). Maiskörner so in den Topf schütten, dass der Boden bedeckt ist.
2. Unbedingt den Deckel auf den Topf tun! Die Körner platzen durch die Hitze auf und springen dann aus dem Topf!

3. Nach kurzer Zeit hört das Gepolter im Topf auf. Dann den Topf von der Platte nehmen, sonst brennt das Popcorn an.
4. In eine Schüssel füllen und entweder Salz oder Zucker darüberstreuen, wie ihr es lieber mögt. Gut untermischen.

Cookies Medizin

Auf einem Trail gab es keinen Arzt. Also kümmerte sich Cookie um alle Arten von Krankheiten. Er brannte blutende Wunden aus, holte Kugeln und Pfeilspitzen aus Beinen und Schultern, versorgte gebrochene Arme und Beine, Schlangenbisse und Skorpionstiche. Als Narkose diente dabei ein Kinnhaken. Cookies Patient zu sein war nicht einfach!
Und weil in Whiskey genug Alkohol zum Desinfizieren ist, benutzte er ihn auch dafür. Zum Beispiel für das wund gerittene Hinterteil eines Cowboys. Es wurde mit einem Gemisch aus Salzwasser und Whiskey eingerieben. Das tat weh, aber härtete ab.
Aber natürlich gab es auch harmlosere Behandlungen, zum Beispiel bei Erkältungen.

Hustensaft

Ihr braucht:

- 1 große Zwiebel
- $^{1}/_{2}$ Tasse warmer Honig
- Wasser

Die Zwiebel in Wasser gar kochen, durch ein Sieb streichen und mit dem Honig vermischen. Einen Teelöffel davon jede Stunde schlucken. Das wirkt Wunder.

Cookies Weisheiten

- Steh niemals vor dem Frühstück auf. Wenn du doch vor dem Frühstück aufstehen musst, frühstücke zuerst.
- Überlasse im Zweifelsfall deinem Pferd das Denken.
- Die schnellste Art, dein Geld zu verdoppeln: falte es zusammen und steck es wieder in die Hosentasche.
- Klugheit hat ihre Grenzen, Dummheit nicht.
- Ich weiß nicht, was schlimmer ist: ein Cowboy, der nie tut, was man ihm sagt, oder ein Cowboy, der nie was tut, bis man es ihm sagt.

In der Rinderstadt

Das Ziel eines Herdentriebs war eine Stadt, in der die Rinder verkauft und entweder mit der Eisenbahn oder auf einem Schiff weitertransportiert wurden. Am Ende des Chisholm-Trails lagen Rinderstädte mit klingenden Namen, die wir gut aus Western kennen: Abilene, Ellsworth, Caldwell, Newton oder Wichita waren die fünf wichtigsten. Ein Stück weiter westlich an der Santa-Fe-Bahnlinie lag noch eine berühmte Stadt: Dodge City. Als 1867 die Eisenbahnlinie von Chicago nach San Francisco fertiggestellt war, schossen diese Städte wie Pilze aus dem Boden. Kluge Kaufleute in Kansas begriffen nämlich sehr schnell, dass sie mit dem Kauf und Verkauf von Rinderherden reich werden konnten. Bis zu 300 000 Rinder kamen immerhin jährlich in diese Städte und wurden zu den Schlachthöfen nach Osten transportiert.

Die Hauptstraße

Die »Städte« waren zu Anfang manchmal nur Zeltdörfer, in Abilene gab es allerdings schon früh Holzhäuser. Die wichtigsten waren Hotel, Bank, Büro des Sheriffs und ein Drugstore (Kaufladen), in dem man alles kaufen konnte, was man zum Leben brauchte. Die Saloons waren am Stadtrand, denn dort gab es öfter Krach. Diese Häuser und den alten Bahnhof kann man sich in Abilene übrigens heute noch ansehen.

Die Häuser waren oft nur ein Stockwerk hoch, aber hatten manchmal großartige Holzfassaden, damit sie höher aussahen. Makler, Rechtsanwälte, Ärzte und Tabakhändler eröffneten kleinere Geschäfte an der Hauptstraße. Es gab Kirchen und eine Schule, Ställe für Pferde und Mietkutschen, eine Poststation und Hühner und Schweine, die frei über die Straße liefen. Die Stadt war im Sommer erfüllt vom Lärm der Tiere und roch meistens nicht sehr gut.

Die häufigsten Ladenschilder waren die der Fleischhändler. Hier wurde eine Treibherde angeboten und verkauft, wenn nicht schon vorher mit einem bestimmten Händler ein Vertrag abgeschlossen worden war.

Am Bahnhof

Die Rinderstädte waren nicht sehr groß, aber sie hatten eine riesige Anlage von Verladepferchen, in die eine Rinderherde getrieben wurde. Von da konnten die Tiere durch nebeneinander liegende eingezäunte Gänge direkt in die Eisenbahnwaggons geführt werden. Erst, wenn die Tiere sicher in den Waggons verladen waren, bekamen die Cowboys ihren Lohn. Nach drei Monaten auf dem Chisholm-Trail bekamen sie 90 Dollar, der Koch bekam 150 Dollar.

Und dann wurde gefeiert!

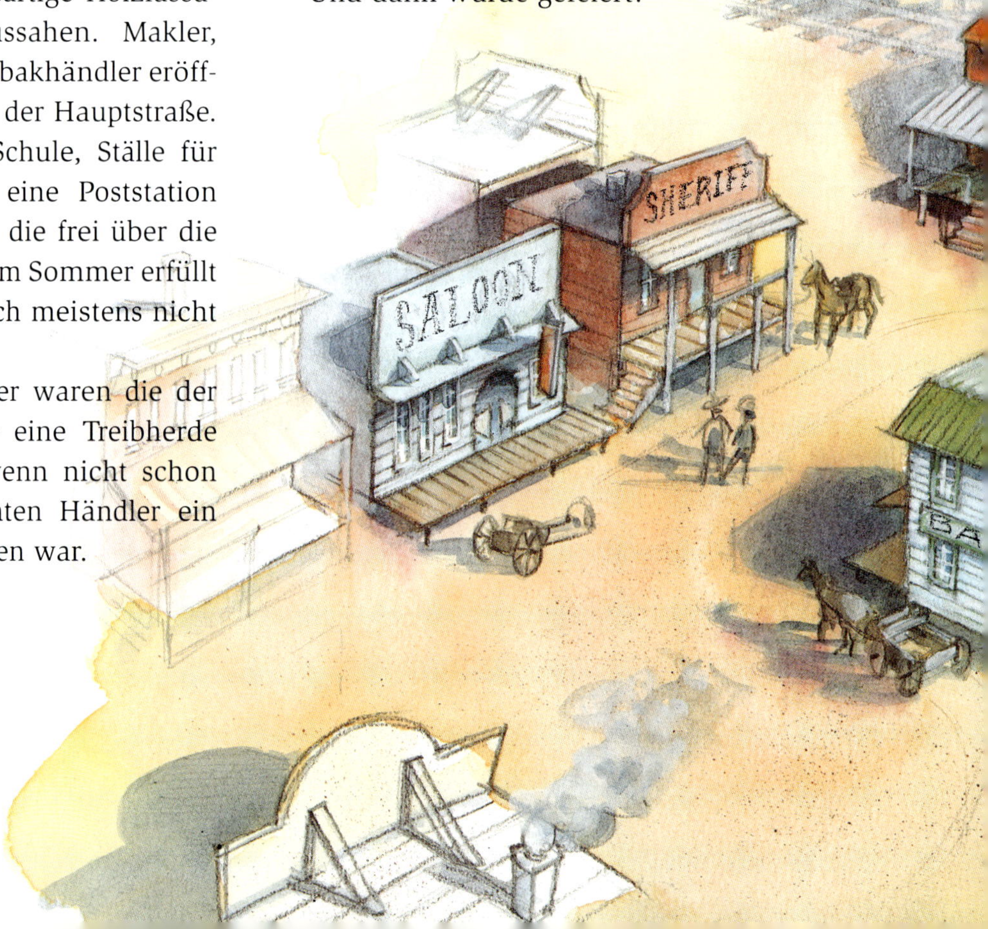

Krawall in der Stadt!

Wenn die Gefahren auf dem Trail und die monatelange anstrengende Arbeit endlich überstanden waren, mussten die Cowboys dringend Dampf ablassen. Sie galoppierten auf ihren Pferden ausgelassen und mit viel Geschrei durch die Stadt und schossen dabei mit ihren Revolvern in die Luft. Manchmal stürmten sie auch mit ihren Pferden direkt in das Hotel, denn sie wollten möglichst schnell ihr Bad und neue Kleider, damit sie im Saloon so richtig feiern konnten.

Die Stadtbewohner und Hotelbesitzer waren natürlich nicht begeistert davon. Ihnen flogen die »blauen Bohnen« um die Ohren und durchschlugen die dünnen Bretterwände ihrer Häuser. Oft mussten sie stundenlang in

ihren Wohnungen flach auf dem Boden liegen, damit keine Kugel sie traf. Die Sheriffberichte sind voll von solchen Ereignissen!

Der Saloon

Das sauer verdiente Geld war oft schnell wieder weg. Frisch gewaschen und mit neuer Kleidung freuten sich die Cowboys auf Essen, Whiskey und ein Glücksspiel. In vielen berühmten Saloons gab es Klavierspieler und Sängerinnen, die für die musikalische Unterhaltung sorgten. An Spieltischen saß eine Runde und spielte Black Jack oder Poker. Glücksspiele galten als sportlicher Wettkampf und erfolgreiche Spieler genossen höchstes Ansehen. Oft gab es Ärger, weil Betrunkene randalierten oder jemand falsch spielte, deshalb mussten in vielen Saloons die Waffen abgegeben werden.

Bericht von Sheriff Seth Bullock, 1878:

»Nyle Miller flogen die Kugeln um die Ohren, als er friedlich auf dem Plumpsklo hockte. Bei mir haben sieben Geschosse Bett, Kleiderschrank und Nachttisch durchschlagen und Richter Kuykendahl wurde wahrhaftig die Kaffeetasse aus der Hand geschossen. Es ist ein Wunder, dass kein Mensch dabei verletzt worden ist. Wenn sie ihr Pulver verschossen hat, loche ich die ganze Bande ein!«

Cowboygesetz

Während des Rinderbooms (1866 bis 1886) sind die wenigsten Verbrechen von Cowboys begangen worden. Etwa 30 000 Cowboys gingen damals durch die fünf Rinderstädte am Ende des Chisholm-Trail, aber es wurden »nur« 45 Morde begangen, 22 davon von Cowboys.

Schießen nur im Notfall
Cowboys erschreckten zwar andere Leute mit Schüssen, aber auf Menschen schossen sie nur im Notfall, wenn sie in die Enge getrieben waren oder wenn es um ihre Ehre ging. Ein Cowboy liebte nämlich seine Freiheit mehr als Schießereien. Außerdem waren Cowboys keine besonders guten Schützen. Ein richtiger Revolverheld musste viel trainieren und dafür hatten Cowboys keine Zeit!

Ehrenhandel
Wenn ein Gegner sie beleidigt hatte, forderten Cowboys ihn zum Duell mit Revolvern heraus. Sie verabscheuten Messerstechereien oder Faustkämpfe. Das Duell fand immer nach einem Herdentreiben und nach getaner Arbeit statt, meistens in einer Rinderstadt.
Diese Art zu kämpfen war den Stadtbewohnern fremd, denn sie vertrauten auf ihre Gesetze und Richter. Aber sie konnten merken, dass es absolut fair zuging. Vielleicht lag es an den Regeln, die sich die Cowboys gegeben hatten. Wer sie nicht befolgte, gehörte nicht mehr dazu. Er war ein Ausgestoßener, dem man nicht mehr vertrauen konnte.

Cowboyregeln

- Ein Cowboy bedankt sich freundlich für jeden Gefallen, den man ihm tut.
- Ein Cowboy ist höflich zu Damen und tippt sich immer grüßend an den Hut.
- Kommt ein Cowboy zu einer Ranch, ruft er: »Hallo, jemand da?« und wartet auf seinem Pferd, bis man ihn hereinbittet.
- Bevor ein Cowboy ein Haus betritt, zieht er Revolvergürtel und Sporen aus.
- Ein Cowboy fragt einen anderen niemals über seine Vergangenheit aus.
- Ein Cowboy riskiert sein Leben für seinen Partner.
- Ein Cowboy ist hilfsbereit und verteidigt Schwächere gegen jeden, der sie angreift.
- Ein Cowboy stiehlt nicht.
- Ein Cowboy gibt jedem Feind eine faire Chance und bekämpft ihn nur, wenn er das Weiße in seinen Augen sehen kann.
- Ein Cowboy schießt nie auf einen unbewaffneten Mann und lässt von einem Gegner ab, der aufgibt.

Gesetzeshüter

Die meisten Verbrechen im Wilden Westen waren eher geringfügig. Diebstähle und Trunkenheit, Landstreicherei und Körperverletzung geschahen viel öfter als spektakuläre Banküberfälle und Morde auf offener Straße. Die Gesetzeshüter hatten die »Zweite Bibel«, das heißt die Fahndungsliste mit 5000 Namen von Verbrechern. Auch die Detektivagentur Pinkerton aus Chicago spürte Banditen auf. Und natürlich hatte jede Stadt ihren Sheriff oder ihren Marshal.

Sheriffs und Marshals

Ein Sheriff wurde für vier Jahre gewählt, nahm Verhaftungen vor und vollstreckte Urteile. Ein Marshal wurde von einer Stadt oder Gemeinde angestellt, sorgte für Ruhe und Ordnung und begleitete den Richter zu seinen Gerichtsverhandlungen. Das Günstige für Verbrecher war, dass die Gesetze im Wilden Westen von Ort zu Ort verschieden sein konnten und damit auch die Strafen für Verbrechen unterschiedlich waren. Es gelang sogar manchem Verbrecher aus einer Stadt zu fliehen und in einer anderen, wo er unbekannt war, selbst Sheriff zu werden!

Strafen

Die häufigsten Strafen waren Geldbußen und Gefängnis. Cowboys waren aber nicht immer mit den Urteilen zufrieden. Für sie war besonders Pferdediebstahl unverzeihlich. In den Städten gab es für solche Diebstähle nur ein paar Tage Gefängnis. Aber in der Prärie war ein Mensch ohne sein Pferd dem Verhungern, Verdursten und den wilden Tieren ausgeliefert. Deshalb galt ein Pferdediebstahl für Cowboys als Mordanschlag. Wenn sie jemanden dabei erwischten, wurde er gehängt oder erschossen. Wenn er »Glück« hatte, wurde ihm auch nur die obere Hälfte eines Ohres abgeschnitten. Oft ließen sich solche Diebe die Haare lang wachsen, damit dieses Zeichen nicht auffiel. Für Cowboys waren deshalb grundsätzlich alle Männer mit langen Haaren verdächtig.

Es kam auch vor, dass Gerichte Menschen fälschlicherweise zum Tod verurteilten. Die Todesstrafe kann man nicht zurücknehmen und davon zeugen heute noch Grabsteine auf den Friedhöfen der Rinderstädte. Diese Friedhöfe hießen *Boothills* (»Stiefelhügel«), weil die Hingerichteten dort in ihren Stiefeln begraben wurden. Der berühmteste Boothill ist übrigens in Dodge City.

Wanted!

Viele Banditen im Wilden Westen sind berühmt geworden. Sie waren rücksichtslos und kaltblütig und arbeiteten oft in Banden mit über hundert Mitgliedern. Ihre Geschichten füllen viele Bücherregale.

Billy the Kid (23.11.1859–14.7.1881)
Billy the Kid erschoss mit knapp 16 Jahren einen Sheriff in Texas. Er wurde einer der gefährlichsten Revolverhelden, der beim geringsten Anlass die Waffe zog. Sheriff Pat Garrett nahm ihn gefangen. Er wurde mit 21 Jahren wegen Mordes an 27 Männern zum Tod verurteilt, floh aber am 30.4.1881 aus dem Gefängnis. Am 14.7.1881 fand und erschoss Sheriff Garret ihn. Das einzige Foto von Billy wurde seitenverkehrt gedruckt, deshalb hielt man ihn lange für einen Linkshänder.

Die McCarty-Bande
Tom, George, Bill, Lew und Fred McCarty arbeiteten zunächst als Cowboys und Rinderzüchter. Zwischen 1884 und 1893 waren sie die gefürchtetste Eisenbahn- und Bankräuberbande. Sie erbeuteten insgesamt fast 80000 Dollar. 1893 wurden Bill und sein Sohn bei einem Banküberfall erschossen. Das führte zur Gründung einer neuen Bande, des *Wild Bunch* (Wilde Horde).

Die Dalton-Bande
Grat Dalton war 1887 Marshal in Arkansas und seine Brüder Bob und Emmett Hilfsmarshals. 1889 wurden sie Pferdediebe und überfielen von 1890 bis 1891 Banken, Postkutschen und Züge. 1892 wurden sie bei dem Versuch, gleichzeitig beide Banken von Coffeyville, Kansas, auszurauben, bis auf Emmett erschossen. Er wurde nach verbüßter Strafe ein angesehener Geschäftsmann in Los Angeles und schrieb sein Buch: »Ich ritt mit den Daltons«.

»Wild Bunch«
Butch Cassidy (Robert Leroy Parker, 1866–1909?) und Sundance Kid (Harry Longbaugh, 1870–1909?) waren die berühmtesten Mitglieder der Bande. Sie raubten Banken und Eisenbahnen aus, stahlen Pferde und Vieh. Ihre Verstecke in Wyoming, Utah und New Mexico hatten sogar Platz für gestohlene Pferde und Rinder. Ob sie 1909 in Südamerika von Pinkerton-Detektiven geschnappt wurden, ist bis heute unklar.

Berühmte Sheriffs und Marshals

Die Gesetzeshüter, die wir aus Western kennen, sorgten zwar in Rinderstädten wie Abilene (»Das übelste Loch im Staat Kansas«) und Dodge City (»Die gottloseste Stadt Amerikas«) für Ruhe, aber Sheriffs waren oft selbst auch nicht gerade zimperlich.

James (»Wild Bill«) Hickok (1837–1876)
Seine Fähigkeiten als Schütze und sein bewegtes Leben haben ihn zur Legende gemacht. Er war Armeekundschafter, Spieler, Sheriff von Hays City/Kansas und Marshal von Abilene, berühmt wegen seines eisenharten Durchgreifens und berüchtigt, weil er nicht nur Übeltäter erschoss, sondern auch unbeteiligte Zuschauer. 1874 reiste er mit Buffalo Bills »Wildwest Show« durch den Staat New York. 1876 besiegte er Jack McCall beim Kartenspiel. Zwei Tage danach erschoss McCall ihn von hinten am Spieltisch.

Wyatt Earp (1848–1929)
Wyatt Earp wuchs in Illinois auf. Er ging 1878 nach Dodge City, wo er Marshal, Saloonbesitzer und Spieler war. Er freundete sich mit Revolverhelden wie Bat Masterson und dem ehemaligen Zahnarzt Doc Holliday an. Dann ging er als Saloonbesitzer nach Arizona. Er erwarb wahrscheinlich als Falschspieler oder Kopf einer Banditenbande ein Vermögen. 1882 wurde Wyatts Bruder ermordet. Wyatt tötete zwei Verdächtige und floh anschließend nach Colorado und dann nach Los Angeles.

Patrick (»Pat«) Garret (1850–1908)
Garrett wurde in Alabama geboren und wuchs in Louisiana auf. Er ging mit 17 nach Texas, wurde Cowboy und Büffeljäger, heiratete 1879 und wohnte in New Mexico, wo er erst Hilfssheriff und dann Sheriff war.
Er wurde nur berühmt, weil er den Mörder Billy the Kid aufspürte und erschoss.
1906 kaufte er eine Pferderanch, die er verpachtete. Er hatte Ärger mit dem Pächter Wayne Brazel, der ihn deshalb erschoss. Viele behaupten, dass Brazel in Wahrheit eine alte Rechnung begleichen wollte, denn Garrett hatte als Gesetzeshüter viele Feinde.

William (»Bat«) Masterson (1853–1921)
Bat Masterson wurde in Kanada geboren und wuchs in Illinois und Kansas auf. Er wurde Büffeljäger und ging als Spieler nach Texas, wo er 1876 zwei Menschen erschoss.
Er floh nach Dodge City, wurde dort unter Wyatt Earp Hilfssheriff und danach Sheriff, Saloonbesitzer und Berufsspieler. Er benutzte seinen Stock (*bat*) um Unruhestiftern auf den Kopf zu schlagen, daher sein Spitzname.
Er arbeitete zuletzt als Sportreporter und starb am Schreibtisch an einem Herzschlag.

Cowboyspiele

Sheriffstern

Texanische Cowboys schmückten Stiefelschäfte, Sättel, Hüte und Chaps gerne mit dem *Lone Star* (»Einzelstern«), einem fünfzackigen Stern, der heute noch im Staatssiegel und in der Fahne von Texas zu sehen ist. Er stammt aus der Zeit vor 1845, als Texas genau wie Mexiko noch spanisch war, denn die mexikanische 1-Peso-Münze trug einen solchen Stern. Sheriffs steckten sich den Stern an die Weste, Marshals hatten einen Stern mit sechs Zacken.

Ihr braucht:

- Pappe
- Silberfolie
- Bleistift
- Lineal
- Schere
- Becher oder Glas
- Bindfaden
- Sicherheitsnadel
- Klebeband

1. Den Becher auf die Pappe stellen, mit dem Bleistift als Kreis abmalen und ausschneiden.
2. Bindfaden einmal um den Umfang des Bechers legen und ausmessen. Dieses Maß durch fünf teilen und fünf Mal mit einem Strich auf dem Bindfaden markieren.
3. Faden um den Pappkreis legen. Die fünf Punkte vom Faden auf den äußeren Rand des Kreises übertragen und miteinander durch Striche verbinden (s. Bild). Jetzt könnt ihr den Stern erkennen.

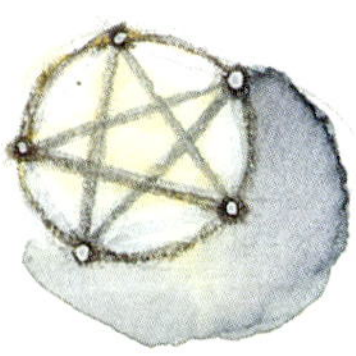

4. Den Stern ausschneiden, mit Silberfolie umwickeln und mit dem Bleistift »Sheriff« und euren Namen auf den Stern schreiben. Vorsicht: nicht die Folie durchbohren!

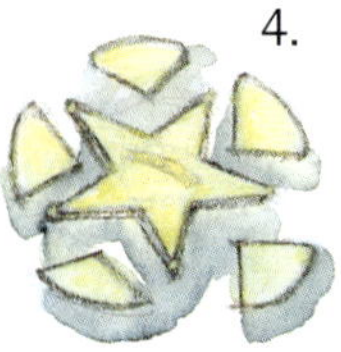

5. Die Sicherheitsnadel mit Klebeband auf der Rückseite festmachen und den Stern feststecken.

Wenn ihr einen Marshal-Stern machen wollt, müsst ihr das Maß des Bindfadens nur durch 6 teilen und wie beim Sheriffstern weitermachen.

Am Galgen

Ihr braucht:

☆ mindestens 2 Spieler ☆ Papier ☆ Bleistift ☆ 1 Sheriffstern

1. Ein Spieler heftet sich den Sheriffstern an und ist der Gesetzeshüter. Er denkt sich ein Wort aus, das mit dem Wilden Westen zu tun hat, wie »Longhorn« und schreibt den ersten Buchstaben auf ein Blatt. Für jeden weiteren Buchstaben des Wortes malt er einen kleinen Strich.

2. Die anderen sind Banditen und müssen versuchen die fehlenden Buchstaben zu raten, um ihren Kopf vor der Schlinge zu retten. Sie beginnen zum Beispiel mit »E«, denn das kommt am häufigsten in Wörtern vor. Statt einer Antwort fängt der Sheriff an einen Galgen zu malen. Bei jedem falschen Buchstaben kommt ein Strich am Galgen dazu. Richtig geratene Buchstaben fügt er an ihrem Platz im Wort ein.

3. Ist das Wort geraten, bevor der Galgen fertig ist, muss der Sheriff die Banditen laufen lassen. Baumelt sogar ein Strichmännchen am Galgen und das Wort ist immer noch nicht vollständig, kann er die Banditen ins Gefängnis stecken.

Kartenkunststück im Saloon

Ihr braucht:

☆ 1 Kartenspiel mit 32 Karten

John kann durch Betasten der Karten feststellen, welche Karte er in der Hand hält. Sagt er wenigstens!
Er hebt das gut gemischte Spiel mit der rechten Hand in die Höhe und hält es mit der Bildseite nach vorn den Zuschauern entgegen. Gedankenvoll biegt er das Päckchen nach vorne und nach hinten, tastet die Bildseite ab und sagt: »Karo-König« oder »Pik-As« usw. und immer ist es richtig! Wie macht er das?
(Beim Umbiegen der Karten kann John kurz die linke untere Ecke der vordersten Karte sehen und dabei den Wert der Karte an der Ecke ablesen. Er muss nur aufpassen, dass er nicht zu auffällig hinsieht! Und er hat natürlich vorher viel geübt.)

Frauen im Wilden Westen

Frauen führten kein einfaches Leben, wenn sie die Städte im Osten verließen, um im Westen mit ihrer Familie ihr Glück zu machen. Frauen von Goldgräbern, Farmern und Ranchern mussten mit den einfachsten Mitteln auskommen, um mit ihren Männern Häuser zu bauen, den Acker zu bestellen, die Tiere zu füttern, ihren Haushalt zu führen und ihre Kinder großzuziehen. »Die Frauen im Westen sind eisenhart!«, schrieb der englische Schriftsteller Anthony Trollope (1815–1882) über sie. Und bei dem harten Leben war es klar, dass die Frauen am Leben und der Arbeit der Männer anders teilnahmen, als es die feinere Gesellschaft in England oder im Osten Amerikas im 19. Jahrhundert gewöhnt war.

Rancherinnen und Cowgirls

Damals saßen Frauen noch im so genannten Damensitz auf dem Pferd. Sie saßen seitlich auf einem besonderen Sattel, das linke Bein im Steigbügel, das rechte um das Sattelhorn geschwungen. Eine Dame ritt außerdem mit langem Rock, der überall im Weg war.
Beides konnten die Frauen im Westen nicht brauchen. Sie schockierten die Männer damit, dass sie lange Hosen oder Hosenröcke anzogen und sich ganz normal auf ein Pferd schwangen. Manche Frau führte eine Ranch weiter, wenn ihr Mann gestorben war, weil sie sich genauso gut mit Pferden, Rindern und der Viehzucht auskannte.
Viele Mädchen arbeiteten auf der Ranch ihrer Eltern als Cowgirls und halfen bei allen anfallenden Arbeiten genau wie die Jungen.

Die Harvey-Girls

1875 baute der Engländer Fred Harvey die erste Restaurantkette Amerikas entlang der Santa-Fe-Bahnlinie auf. Die Züge hatten damals noch keine Speisewagen und das Essen in den Bahnhofsstädten war schlecht. Eins der Harvey-Restaurants war auch in Dodge City. Schön gedeckte Tische und gutes Essen lockten viele Reisende an. Was diese Restaurants besonders berühmt machte, waren die Kellnerinnen, die »Harvey-Girls«. Sie kamen von überall her: aus den Städten im Osten und von den Farmen und Ranches im Westen. Es war nicht nur eine Ehre, in den Harvey-Restaurants zu arbeiten, es war auch damals eine der wenigen Möglichkeiten, als Frau Geld zu verdienen. Die Harvey-Girls bekamen 17,50 Dollar im Monat, dazu Trinkgelder, Verpflegung, Kleidung und Unterkunft.

Banditinnen

Natürlich gab es auch Banditinnen. Kate Elder (Kate *Big Nose*, »Großnase«) zum Beispiel heiratete den Berufsspieler Doc Holliday. Sie befreite ihren Mann einmal aus dem Gefängnis, indem sie das Hotel anzündete und damit die Bürger ablenkte. Jennie Stevens (*Little Britches*, »Kurzhose«) und Annie McDoublet (*Cattle Annie*, »Vieh-Annie«) gehörten zur Doolin-Bande und Etta Place war die Freundin von Sundance Kid vom »Wild Bunch«. Martha Jane Canary (*Calamity Jane*, »Unglück-Jane«) zog in Männerkleidung durch den Westen, arbeitete als Maultiertreiberin, Bahnarbeiterin und trat in Wildwest-Shows auf. Sie sagte jedem, der sie ärgerte, alle Arten von Unglück voraus und wurde Heldin vieler Theaterstücke und Romane. Und Belle Starr, die »Königin der Banditen«, war sogar Anführerin einer berüchtigten Bande von Vieh- und Pferdedieben!

Carry Nation (1846–1911)

Sie war die Frau eines Predigers und im ganzen Westen bekannt als der Schrecken der Saloonbesitzer. Wenn sie auftauchte, blieb keine Whiskeyflasche ganz, weil sie sie mit einer kleinen Axt zerschlug. Sie predigte gegen Rauchen, Trinken und Fluchen und zog von Rinderstadt zu Rinderstadt um die Cowboys zu bekehren. Und die kannten sie gut! Oft steckten sie sogar schnell ihre Zigarren oder Pfeifen weg, wenn sie einen Saloon betrat, denn sie wussten, dass Carry sie ihnen aus dem Mund schlagen würde. In Ellsworth am Chisholm-Trail hatte ein Saloonbesitzer ein Schild an die Tür genagelt:

»Alle Nationen willkommen – außer Carry!«

Die Cowboys erzählten sich laut lachend die Geschichte (oder war es Lügengarn?), dass Carry einmal mit der Kutsche über Land fuhr. Der Kutscher rauchte gemütlich eine Zigarette, aber Carry schlug sie ihm empört aus dem Mund. Der Kutscher hatte keine Angst vor ihr. Er nahm ihre Koffer und warf sie vom Wagen. Carry stieg schimpfend aus um die Koffer wieder einzusammeln, aber der Kutscher fuhr einfach davon und steckte sich schmunzelnd eine neue Zigarette an. Carry musste zehn Meilen zu Fuß laufen!

»Rache ist süß!«, meinten die Cowboys.

Auf der Ranch

Nach einem Viehtrieb gingen die Cowboys zurück auf ihre Ranch. Nicht jeder hatte eine feste Anstellung, viele mussten sich erst neue Arbeit bei einem Rancher suchen. Er gab ihnen monatlich 30 Dollar Lohn, Unterkunft und Verpflegung, genau wie auf einem Trail.

Ein Haus mitten im Nichts

Im Südwesten Amerikas war eine Ranch oft aus Ziegeln gebaut. Im Norden baute man die Häuser übrigens aus Holzstämmen und in der Steppe aus Grassodenziegeln.

Eine Ranch bestand aus einem Haupthaus für den Rancher und seine Familie und aus Nebengebäuden. Im Haupthaus waren Diele, Wohnraum, Küche und Esszimmer. Es gab außerdem ein Büro, die Waffenkammer und mehrere Schlaf- und Gästezimmer.

In den Nebengebäuden waren Schmiede, Futtersilos, Werkstattschuppen und mehrere Ställe für Pferde, Milchkühe und Hühner untergebracht. Lag die Ranch nicht in der Nähe eines Flusses, gab es einen Windmühlenbrunnen für Grundwasser.

Die Cowboys schliefen im Schlafhaus (*bunkhouse*) in Doppelstockbetten. Wegen der vielen Flöhe und Wanzen schliefen sie im Sommer aber lieber draußen. In einem zweiten Raum waren Spindschränke für Kleidung und private Dinge, Regale für Sättel, ein langer Tisch und Stühle. Im Küchenhaus gab es eine Küche und Sitzplätze für alle. Je nach Größe der Ranch waren 10 bis 150 Cowboys untergebracht.

Alle Ranchgebäude lagen mitten in der Prärie. Zäune gab es zunächst keine, die Rinder grasten auf der offenen Weide. Erst ab 1880 gab es die ersten Stacheldrahtzäune.

Pferde auf der Koppel

Um die Ranch herum waren Koppeln für die Pferde aufgebaut. Hier wurden zum Beispiel neu eingefangene wilde Mustangs eingeritten. Das Einreiten dieser *Broncos* (ungezähmter Pferde) war gefährlich, denn bis sie einen Reiter oder auch nur einen Sattel auf ihrem Rücken duldeten, bäumten sie sich immer wieder auf oder vollführten die tollsten Bocksprünge. Aber für die Arbeit auf der Ranch und für den nächsten Trail wurden immer wieder neue Pferde gebraucht. Sechs bis zehn Pferde stellte ein Rancher einem Cowboy zur Verfügung.

Sommer und Winter

Manche Ranches waren unvorstellbar riesig. Ein Rancher wie Richard King besaß zum Beispiel die ganze Südspitze von Texas. Er brauchte Cowboys, die im Sommer nicht mit auf den Trail gingen, sondern die Weiden beaufsichtigten, denn es wurden nicht alle Tiere einer Herde nach Norden getrieben. Richard King konnte bei 100000 Rindern auf seinen Weiden mit ungefähr 30000 Kälbchen pro Jahr rechnen und auch die mussten versorgt werden.

Grenzreiter

An den äußeren Grenzen einer Ranch standen Weidehütten aus Ziegeln, die einen halben Tagesritt (15 km) auseinander lagen. Jeweils zwei Cowboys fanden dort Schutz vor Regen oder Hagel. Im Norden, in Montana oder Wyoming, waren diese Hütten aus Holz und schützten besonders vor Schnee.

Die Cowboys ritten Tag für Tag an der Grenze entlang. Sie hielten die Herde davon ab, über die Grenze hinaus zu wandern, kümmerten sich um kranke Tiere und halfen Mutterkühen die Kälber zur Welt zu bringen. Sie entwirrten Rinder aus Stacheldraht oder halfen ihnen aus Erdlöchern. Sie sorgten für genügend Futter und hackten eingefrorene Wasserlöcher auf. Sie achteten auf Viehdiebe und schossen Raubtiere ab.

Grenzreiter arbeiteten das ganze Jahr über fünfzehn Stunden am Tag auf diese Weise. Sie wurden im Sommer nach vierzehn Wochen, im Winter nach drei bis vier Wochen abgelöst.

Freizeit

Wer kein Grenzreiter war, nutzte die langen Wintermonate um Milchkühe und Pferde zu versorgen, Sättel, Zaumzeuge oder Zäune zu reparieren und Holz zu hacken. Aber es gab nicht so viel zu tun wie von Frühjahr bis Herbst. Gegen die Langeweile erzählten die Cowboys Geschichten oder vertrieben sich die Zeit mit Spielen.

Cowboys spielten Dame, Karten, Würfel und sogar Murmeln. Sie wetteten nur so aus Spaß um alles, zum Beispiel, welche von zwei Fliegen wohl zuerst vom Tellerrand wegfliegen würde. Es gab Wettbewerbe im Weitspucken, Zigarettendrehen, Peitschenknallen und Hufeisenwerfen. Lassokunststücke und Trickreiten wurden geübt oder Pferderennen abgehalten. Und es wurde Musik gemacht mit allem, was sich nicht wehrte: auf Waschbrettern, Töpfen und Pfannen konnte man mit zwei großen Löffeln wunderbar Schlagzeug spielen und es mit Banjos oder Ziehharmonikas begleiten. Dazu wurde getanzt. Ein paar Cowboys banden sich dann oft eine lange Schürze um und übernahmen die Rolle der Frauen beim Tanzen.

Roundup

Im Frühjahr kam schlagartig Leben in eine Ranch. Es war die Zeit des ersten Roundup ([raundap], Viehauftrieb) des Jahres. In Mexiko nennt man diesen Viehauftrieb im Frühjahr und Herbst *Rodeo*. Gemeinsam suchten die Cowboys benachbarter Ranches die Rinder auf den weitläufigen Weiden und trieben sie an einem bestimmten Ort zusammen.

Zusammentrieb

Das Roundup-Outfit zog los wie bei einem Trail. Der Küchenwagen fuhr mit und stand schon an den vorher vereinbarten Roundup-Plätzen, wenn die Cowboys mit den Tieren kamen. Am nächsten Tag zog man weiter. Die Aufsicht führte der Roundup-Boss. Eine Remuda von Arbeitspferden mit ihrem Wrangler (Pferdetreiber) war auch dabei.

Mehrere Wochen lang wurden Hunderte von Kilometern geritten um die auf der offenen Weide verstreuten Tiere zu finden. Danach ritten die Cowboys in immer enger werdenden Kreisen um die Herde und versammelten sie dabei allmählich auf dem Roundup-Platz.

Sattelarbeit

Am Roundup-Platz begann die Arbeit erst richtig. Seilfänger fingen mit ihren Lassos kranke und schwache Tiere heraus. Anhand der Brandzeichen stellten sie fest, wem fremde Tiere gehörten und brachten sie ihren Eigentümern zurück.

Das Vieh wurde gezählt und Diebstähle festgestellt. Dabei merkte man auch, welche Stellen der Weide für Viehdiebe besonders günstig waren. Im Frühjahr wurden die zum Verkauf bestimmten Rinder als Treibherde für den Trail nach Norden zusammengestellt.

Mavericks

Eine der wichtigsten Aufgaben beim Roundup war das Bränden von Kälbern. Mavericks hießen alle Kälber, die man ohne Brandzeichen fand. Es gibt viele Geschichten, warum sie so hießen. Samuel Maverick, ein texanischer Rechtsanwalt, soll einmal beschlossen haben seine Kälber nicht zu bränden. Alle anderen Rancher brändeten ihre Tiere und dann waren eben alle Kälber ohne Brandzeichen seine eigenen. Viehdiebe nutzten diese günstige Gelegenheit und brannten seinen Kälbern ihr Zeichen auf. Ab 1884 wurde deshalb gesetzlich geregelt, dass alle Kälber ein Brandzeichen brauchten.

Brandzeichen

Bei Hunderttausenden von Tieren auf offener Weide war es notwendig, dass jeder Rancher feststellen konnte, welches Rind ihm gehörte. Es ist ein sehr alter Brauch, Tiere zu diesem Zweck mit Brandzeichen zu versehen, er war schon im Alten Ägypten 2800 vor Christus bekannt. Die amerikanischen Rancher haben ihn von den Mexikanern übernommen.

Bränden

Seilfänger (*ropers*) ritten an der Herde vorbei und warfen gezielt ihr Lasso über den Kopf eines Kalbes. Dann brachten sie es wie »an der Leine« zum Brandplatz und warteten darauf, dass seine Mutter hinter ihm herkam. Mutterkühe können sehr wütend werden, wenn man sie von ihren Kälbern trennt, aber nur am Brandzeichen der Mutterkuh konnte ein Cowboy sehen, wem ein Kalb gehörte.

Das Kalb wurde dicht am Feuer umgeworfen und festgehalten und dann mit einem heißen Brandeisen mit dem selben Zeichen wie seine Mutter markiert. Schon die Kälber haben eine dicke Haut und scheinen das Bränden nicht sehr zu spüren. Sobald sie gebrändet sind, laufen sie zur Herde zurück. Es war wichtig, das Brandzeichen auf die Haut und nicht nur auf das Fell eines Tieres zu setzen. Die Haare des Fells wachsen nach. Schlaue Viehdiebe nutzten das aus und konnten die Zeichen, die nur im Fell waren, fälschen, indem sie ihr eigenes genau darüber ganz in die Haut brannten, und schon gehörte ein Kalb ihnen.

Brandzeichenbücher

Zur Zeit der großen Viehtriebe gab es viele tausend Brandzeichen in Texas, die in Brandzeichenbüchern aufgelistet waren. Sie waren an bestimmten Stellen wie Schulter oder Hüfte angebracht und im Brandzeichenbuch auch so verzeichnet.

Richard King hatte zum Beispiel ein , ein »laufendes W«. Hufeisen, Schaukelstuhl, Anker oder Mistgabel sind andere Zeichen. Oder auch »zwei Balken« , ein »faules S« oder ein »fliegendes x« mit einem Flügel an jeder Seite . Oft gaben sie der Ranch ihren Namen, wie bei der XIT-Ranch (X = 10, I = in, T = Texas). Sie erstreckte sich über »zehn Bezirke in Texas« (1 Million Hektar Land) und war die größte Ranch der Welt. Samuel Mavericks Zeichen war ab 1884 übrigens ein »MK«: .

Beim Roundup

Brandzeichen

Ihr braucht:

✯ 1 große Kartoffel ✯ Küchenmesser ✯ Pinsel ✯ Plakatfarbe ✯ Papier

1. Die Kartoffel zur Hälfte durchschneiden.
2. Wählt eine Form für euer Brandzeichen, zum Beispiel den Anfangsbuchstaben eures Vornamens (vielleicht »faul« oder »fliegend«?), oder auch ein Hufeisen oder einen Kreis, wie ihr wollt.

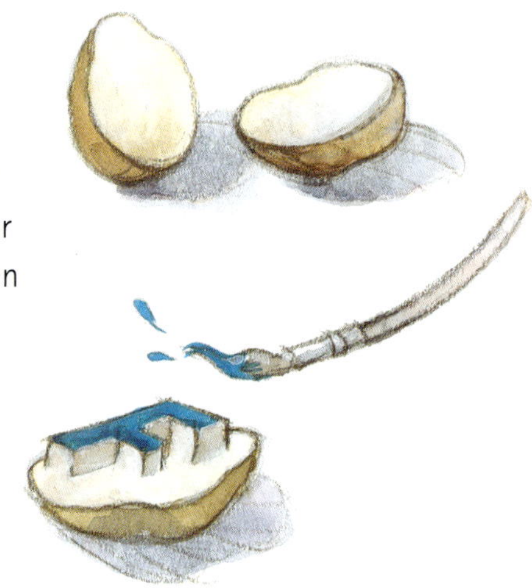

3. Mit dem Messer (vorsichtig!) die Form des Brandzeichens in die Kartoffel ritzen. Von der restlichen Kartoffel etwa 1 cm wegschneiden, sodass die Form stehenbleibt.
4. Mit dem Pinsel eine Farbe auftragen.
5. Ihr könnt jetzt euer Briefpapier damit bedrucken. Viele Cowboys konnten schreiben und haben gerne Briefe über ihre Arbeit auf dem Trail oder auf der Ranch nach Hause geschrieben.

Maverick

Ihr braucht:

✯ 3 und mehr Spieler ✯ 1 Würfel ✯ Würfelbecher ✯ 1 Blatt ✯ 1 Bleistift

1. Eine Spielerin oder ein Spieler ist Roundup-Boss und schreibt die gewürfelten Punkte unter die Namen der Mitspieler. (Bei jedem neuen Spiel darf jemand anderes der Boss sein!)
2. Die Cowboys und Cowgirls sitzen im Kreis auf dem Boden und spielen mehrere Runden.
3. Jeder würfelt für den anderen. Er stülpt vor seinem linken Nebenmann den Würfelbecher um. Die gewürfelte Augenzahl gehört dem Nebenmann.
4. Sitzt jedoch ein »Maverick«, das heißt eine 1 unter dem Würfelbecher, wird der Punkt dem Werfer abgezogen.
5. Wer zuerst 50 Punkte hat, hat gewonnen und das Spiel ist zu Ende.

Lassowerfen

Der Name Lasso kommt auch aus dem Spanischen (*lazo*, Schlinge, Schlaufe) und bezeichnet nur die Schlaufe, die man mit dem Seil bildet und wirft. Das Wurfseil selbst heißt Lariat (von span. *la reata*, Seil) oder einfach englisch *rope* [roup]. »Nur blutige Anfänger nennen das Wurfseil Lasso, weil sie es noch nicht besser wissen«, hat ein Cowboy mal gesagt.
Das Lariat ist immer mit einem Knoten am Sattelhorn befestigt, damit ein eingefangenes Rind den Cowboy nicht vom Sattel reißt, wenn es sehr schnell wegläuft. Wenn man das Lariat nicht braucht, hängt es aufgerollt in einer Riemenschlaufe an der rechten Seite des Sattels. Lariats waren zunächst aus zusammengedrehten Rohhautstreifen gemacht. Ab 1866 benutzte man aber starke Seile aus Manilahanf (Bananenblattfasern), weil sie nicht so schnell rissen.

Ihr braucht:

✶ 1 steifes Seil (5 m lang, etwa 12 mm dick; ein fest geflochtenes Seil ist am besten)
✶ Klebeband ✶ Filzstift ✶ Maßband

1. An einem Ende des Seils eine Öse formen, die so groß ist, dass das andere Ende hindurchpasst. Beide Teile des Seils mit Klebeband umwickeln, damit die Öse hält.
2. Von der Öse aus das Seil abmessen und nach 2 m mit dem Filzstift einen Strich auf das Seil malen. Das Ende des Seils durch die Öse stecken und bis zum Strich durchziehen, sodass eine große Schlaufe, ein Lasso entsteht.
3. Seil und Schlaufe ungefähr 50 cm von der Öse entfernt zusammen in die rechte Hand nehmen (wie auf Bild A) und den Rest des Seils locker in der linken Hand halten.

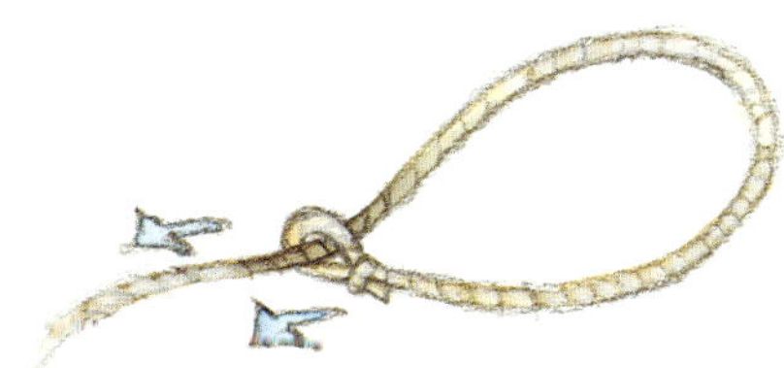

4. Mit der rechten Hand Seil und Schlaufe über dem Kopf im Kreis schwingen. (Bild B)
5. Sobald die Schlaufe am Kopf vorbei nach vorne schwingt, loslassen. Auch die Seilrolle in der linken Hand loslassen, damit das Lasso weit fliegen kann. Nur das Ende des Seils gut festhalten! (Bild C)
6. Lassowerfen müsst ihr üben, das macht ihr aber am besten draußen. Vielleicht »fangt« ihr einen Zaunpfahl?

Das Ende des Wilden Westens

In den Jahren, in denen Cowboys mit ihren Rinderherden über die Prärie zogen, dehnten sich die Vereinigten Staaten immer mehr aus. Der Wilde Westen wurde immer mehr besiedelt. Das unberührte Land, das vorher Indianerstämmen und Büffelherden gehört hatte, wurde nach und nach von Weißen erobert oder einfach besiedelt. Die Indianer wurden vertrieben und in Indianer-Territorien weit weg von ihrer eigentlichen Heimat geschickt, ob sie wollten oder nicht. Schließlich wurden auch diese Territorien besiedelt, bis für Indianer nur noch Reservate übrig blieben.

Grenzen und Zäune

1889 machten sich 50 000 Menschen auf, das heutige Oklahoma zu besiedeln, weil die Regierung das Land billig anbot und in den ersten Jahren keine Steuern gezahlt werden mussten. Für die dort lebenden Indianer bedeutete das, dass wieder einmal ein Vertrag mit ihnen gebrochen wurde. Für viele weiße Siedler war das Angebot allerdings wie ein Lottogewinn. Sie bauten Häuser, zogen Zäune und begannen mit Schafzucht und Ackerbau ein neues Leben. Durch die Zäune verschwanden allmählich die riesige offene Weide und die endlose Prärie. Der Viehtrieb über den Chisholm-Trail wurde unmöglich.

Es gab blutige Fehden zwischen Farmern und Ranchern. Stacheldrahtzäune wurden von den Ranchern immer wieder zerschnitten, dafür versperrten die Farmer den Herden den Weg zum Wasser der Flüsse. Schließlich umgaben die Rancher ihre immer noch riesigen Weidegebiete selbst mit Zäunen. 10 000 km lang war der Stacheldrahtzaun um die XIT-Ranch, die größte in Texas! Aber die Freiheit und Unbegrenztheit der Natur, die zum Leben der Cowboys gehörte, war damit vorbei.

Der erste Ölfund

1894 wurde das erste Öl in Texas gefunden. Eine fieberhafte Suche nach weiteren Ölquellen setzte ein. Mit Erfolg, wie wir heute wissen. Das Öl kam gerade zur rechten Zeit, denn inzwischen ging auch eine Eisenbahnlinie nach Texas und die großen Viehtriebe wurden überflüssig. Die Nachfrage nach Longhorns ließ nach, seit Kansas die Einfuhr verboten hatte. Die Texas-Longhorns hatten nämlich andere Rinderarten im Norden mit einer Krankheit angesteckt, die ihnen selbst nichts ausmachte: Das so genannte »Texasfieber« wurde von Zecken übertragen.

Erinnerung

Museen, alte Häuser wie die in Abilene oder Friedhöfe wie der Boothill in Dodge City erinnern heute an die große Zeit der Cowboys in der unberührten Prärie. Und natürlich ihre Lieder. Eines, das heute auch immer noch gesungen wird, ist der »Old Chisholm Trail«.

Old Chisholm Trail

Well, come along boys, and listen to my tale;
I'll tell you of my troubles on the Old Chisholm Trail.
Come a ti yi yippee, come a ti yi yea.
Come a ti yi yippee, come a ti yi yea.

Oh, a ten-dollar hoss and a forty-dollar saddle,
And I'm goin' to punchin' Texas cattle.
Come …

I wake in the mornin' afore daylight.
And afore I sleep the moon shines bright.

It's cloudy in the west, a-looking like rain,
And my durned old slicker's in the wagon again.

No chaps, no slicker, and it's pourin' down rain,
And I swear, by gosh, I'll never night-herd again.

Feet in the stirrups and seat in the saddle,
I hung and rattled with them long-horn cattle.

I don't give a darn if the cattle never do stop;
I'll ride as long as an eight day clock.

We rounded 'em up and put 'em on the cars,
And that was the last of the old Two Bars.

Oh, it's bacon and beans most every day,
I'd as soon be a-eatin' prairie hay.

I went to the boss to draw my roll,
He had it figgered out I was nine dollars in the hole.

Goin' back to town to draw my money.
Goin' back home to see my honey.

Kommt mal alle her, Jungs, und hört, was ich erzähl;
Ich erzähl von meinen Mühen auf dem Old Chisholm Trail.
Kommt mal ti yi yippieh, kommt mal ti yi yea.
Kommt mal ti yi yippieh, kommt mal ti yi yea.

Ein vierzig-Dollar Sattel und ein Pferd für zehn,
Ich werde mit dem Texas-Vieh nach Norden gehn.
Kommt mal …

Der Tag bricht gerade an, wenn ich aufsteh.
Und der Mond scheint hell, wenn ich schlafen geh.

Es sind Wolken im Westen, es sieht nach Regen aus,
Ich krieg meinen Slicker nicht aus dem Wagen raus.

Keine Chaps, kein Slicker, es regnet wie toll,
Ich schwör, ich hab die Nase von Nachtwachen voll.

Hinterteil im Sattel und durchgedrückte Knie,
Ich blieb da und plapperte mit Longhorn-Vieh.

Wenn die Herde ewig zieht, das macht mir nichts aus;
Ich reite immer weiter, auf dem Pferd bin ich zu Haus.

Wir trieben sie zusammen und brachten sie zum Zug,
Von der »Zwei Balken«-Herde hab ich erst mal genug.

Speck und Bohnen jeden Tag, ist was, wovor's mir graut,
Das ist fast so, als wenn man auf Präriegras kaut.

Ich ging zum Boss, hab nach meinem Lohn gefragt,
Ich hätt' neun Dollar Schulden, hat er zu mir gesagt.

Bin zurück um Geld zu holen bei der ersten Bank am Platz.
Bin zurück nach Haus gegangen zu meinem Schatz.

Cowboys von heute

Es gibt heute immer noch Cowboys. Sie arbeiten in Nordamerika und in Australien auf Ranches, die oft immer noch der gleichen Familie gehören wie vor hundert Jahren. Die Ranches sind heute kleiner und die Rancher besitzen auch nicht mehr so viele Herdentiere, aber etwa zwei- bis dreihundert Rinder sind es schon.

Veränderungen

Wie früher gibt es im Frühjahr und im Herbst ein Roundup: Cowboys und Cowgirls helfen, wenn Kälber zur Welt kommen und treiben die Tiere zusammen um sie zu zählen und die Kälber zu bränden.

Cowboys leben heute mit ihren Familien auf einer Ranch. Ihre Kinder lernen von klein auf reiten und mit den Rindern arbeiten. Mit neun Jahren dürfen sie dann auch schon mal bei einem Roundup dabei sein.

Lassos sind natürlich heute nicht mehr aus Rohhäuten gedreht oder aus Manilahanf geflochten, sondern aus stärkeren Nylonfasern. Cowboys reiten auch nicht mehr nur auf Pferden: Wenn das Gelände gut dafür ist, begleiten sie die Herde auch auf Motorrädern oder im Winter auf Motorschlitten! Es macht Krach und stinkt, aber die Rinder gehorchen trotzdem. Und verirrte Rinder können viel schneller von einem Flugzeug oder Hubschrauber aus gefunden werden.

Rancher

Rancher zu sein ist heute nicht mehr so einfach. Die Rancher von damals mussten nur frei laufende Rinder einfangen, weiterzüchten und verkaufen. Damit konnten sie Millionen verdienen.

Wenn man heute eine Ranch führen will, muss man mehr beherrschen als den richtigen Umgang mit Tieren, damit man von der Viehzucht überhaupt leben kann. Viele Rancher haben deshalb Landwirtschaft studiert, sitzen am Computer und versuchen sich auf dem Markt zu behaupten. Tierärzte untersuchen die Herden ständig, damit den Verbrauchern nur das beste Fleisch angeboten wird. Es ist eine große Verantwortung, egal was sie kostet, die Rinder so zu halten und zu ernähren, dass niemand von ihrem Fleisch krank wird!

Rodeo

Rodeo ist das spanische Wort für Viehauftrieb oder Roundup. Im Norden Amerikas wird es [rodio] ausgesprochen und auf der ersten Silbe betont. Im Süden sprechen die Menschen breiter und sind mehr an Spanisch gewöhnt, deshalb sagen sie [rodeio] und betonen die zweite Silbe, was dem spanischen Wort ähnlicher ist.

Sport

Bei Rodeos wird heute das gezeigt, was Cowboys auf einem Trail oder Roundup können mussten. Rodeoreiten ist seit etwa 1880 ein sportlicher Wettkampf, bei dem der Beste und Schnellste gewinnt und sogar Weltmeister werden kann. Ein Rodeoreiter tritt oft hundert Mal pro Jahr in verschiedenen Städten auf und wenn er gut ist, kann er von seinem Preisgeld leben.

Es gibt besondere Wettbewerbe für Kinder und Jugendliche, in denen sie ihre Lassokünste zeigen und in Mannschaften Kälber einfangen. Und bei den Rodeos für Erwachsene nehmen Frauen schon seit 1904 teil: Sie reiten Wildpferde und fangen Stiere mit dem Lasso wie die Männer. Es gibt sogar Rodeos, bei denen nur Frauen mitmachen.

Wettkämpfe

Ein Rodeo besteht aus fünf Hauptwettbewerben: Reiten auf einem Wildpferd mit Sattel, Reiten auf einem Wildpferd ohne Sattel, Stierringen, ein Kalb mit dem Lasso einfangen und Reiten auf einem Stier.

Ob mit oder ohne Sattel, das Einreiten eines Wildpferdes ist der gefährlichste und anstrengendste Wettbewerb: Der Reiter muss sich auf einem Pferd halten, das mit wilden Sprüngen versucht ihn abzuschütteln.

Beim Stierringen muss ein Reiter vom Pferd aus die Hörner eines Stieres packen, aus dem Sattel springen und den Stier zu Boden drücken.

Reiten auf einem Stier ist auch nicht ungefährlich. Der Reiter muss versuchen, acht Sekunden lang auf einem zornigen Bullen sitzen zu bleiben und sich dabei nur an einem Seil festzuhalten, das um den Bauch des Stieres gebunden ist.

Viele Rodeoreiter haben nie auf einer Ranch gearbeitet und lernen heute in Schulen, was ein Cowboy können muss.

Trickreiter, Chuckwagenrennen und Rodeoclowns unterhalten die Zuschauer beim Rodeo, das mehrere Tage dauert. Und für kurze Zeit ist der Wilde Westen wieder lebendig!

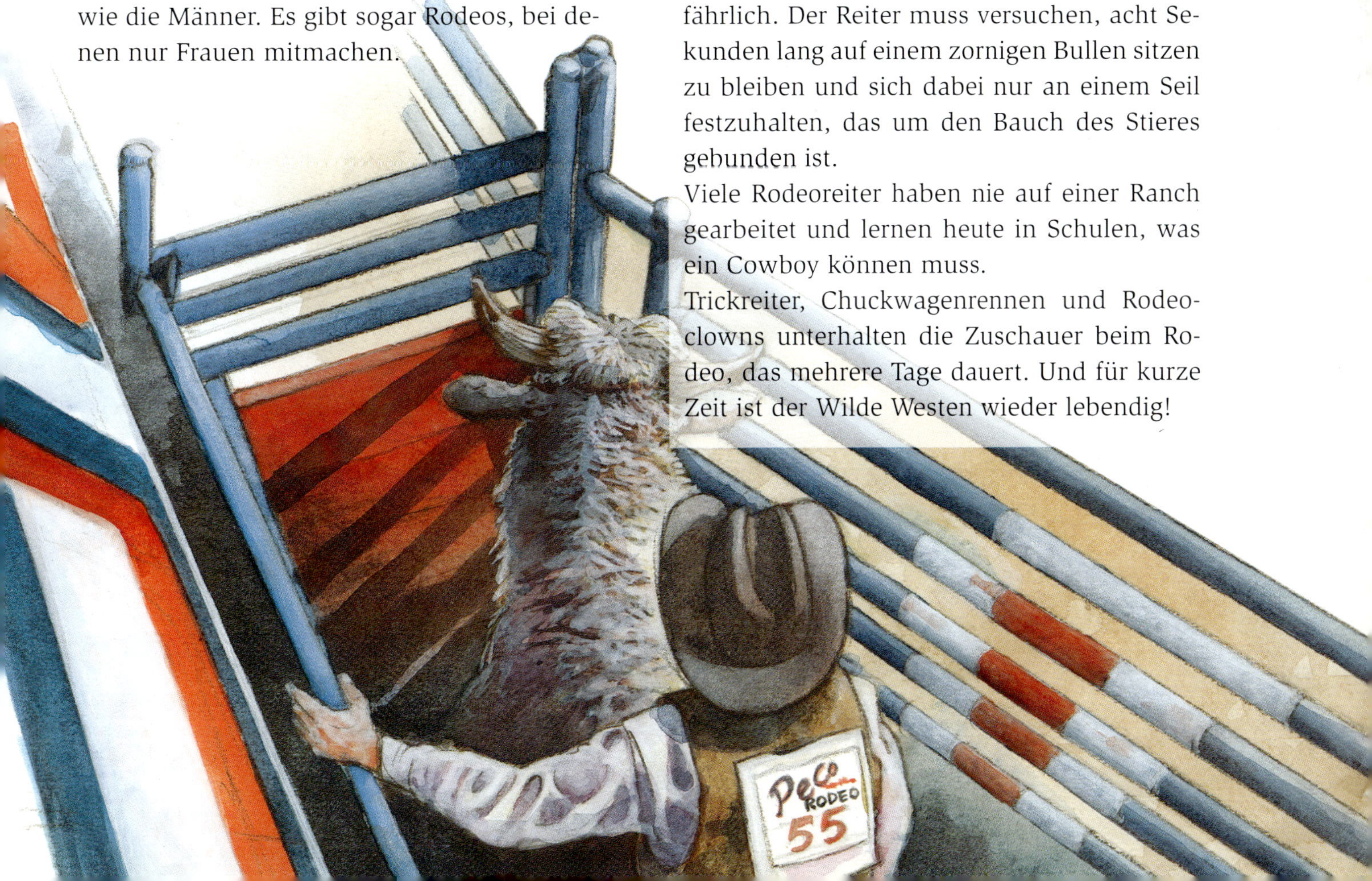

Cowboyfest

Wollt ihr eure Freunde nicht mal zu einem Cowboyfest einladen? Ihr kennt euch ja jetzt mit Cowboys aus. Übrigens: Ihr braucht nicht nur rumzuballern. Ihr wisst ja, Cowboys schossen nur im Notfall. Wenn ihr natürlich auf Banditen trefft, ist das was anderes!

Einladungen

Für eine Einladung könnt ihr euer Brandzeichen auf ein Blatt Papier drucken (siehe S. 40). Ihr könnt auch einen Sheriffstern, einen Präriekaktus oder ein Hufeisen aus buntem Tonpapier ausschneiden und darauf eure Einladung schreiben. Oder verschickt kleine Cowboyhüte.

Ihr braucht:

- ✭ braunes, schwarzes oder graues Tonpapier
- ✭ bunte Wollfäden
- ✭ weißes Papier
- ✭ Buntstifte
- ✭ Schere

1. Aus dem Tonpapier einen Cowboyhut ausschneiden, aber nicht größer als 10 x 15 cm, damit er in einen Umschlag passt.
2. Um den Hut ein Hutband aus den bunten Wollfäden knoten.
3. Auf das weiße Papier (10 x 10 cm) eure Einladung schreiben.
4. Das Papier zweimal zusammenfalten (10 x 2,5 cm) und schräg durch das Hutband stecken. Fertig.

Reiterkampf

Ihr braucht:

- ✭ eine Wiese
- ✭ 2 Mannschaften mit jeweils mindestens 6 Cowboys und Cowgirls

1. Jede Mannschaft besteht aus drei Paaren. Ein Spieler ist das Pferd und nimmt seinen Reiter Huckepack auf den Rücken. Das Gleiche tun zwei Spieler aus der anderen Mannschaft.
2. Sie »reiten« aufeinander zu und die Reiter versuchen sich gegenseitig vom Pferd zu schubsen.
3. Sieger ist die Mannschaft, bei der die meisten Reiter oben geblieben sind.

Sattelgerücht

Wenn jemand in der Prärie ein harmloses Ereignis erzählte, verbreitete es sich in Windeseile. Dabei wurde jedes Mal mehr übertrieben, bis am Schluss alle mindestens an Mord und Totschlag glaubten. Das nannte man Sattel- oder Pferderückengerücht.

Ihr braucht:

- ab 6 Cowboys oder Cowgirls
- für jeden Mitspieler einen Stuhl

1. Die Mitspieler stellen die Stühle in einer Reihe nebeneinander auf und setzen sich verkehrt herum darauf, sodass die Lehne wie ein Pferdekopf vor ihrem Bauch ist.
2. Der erste in der Reihe überlegt sich einen Satz, der etwas mit Cowboys zu tun hat und flüstert ihn dem Nebenmann so leise wie möglich ins Ohr. Aber nur einmal!
3. Dieser Nebenmann flüstert jetzt das, was er verstanden hat, dem Nächsten einmal ins Ohr und so weiter.
4. Der Letzte sagt laut, was er verstanden hat. Ihr werdet euch wundern, was aus dem Gerücht geworden ist!

Dosenraten

Über dieses Winterspiel auf der Ranch sagte ein Cowboy einmal: »Es ist so ziemlich das Verrückteste, was ein Mann anstellen kann. Was im Winter aus Langeweile alles passiert, geht auf keine Kuhhaut!«

Ihr braucht:

- verschiedene Konservendosen mit möglichst viel Text
- mindestens 3 Cowboys oder Cowgirls
- Uhr mit Sekundenzeiger

Einem Mitspieler wird für genau 10 Sekunden eine Konservendose vor die Augen gehalten. Er muss versuchen so viel wie möglich von dem Text auf der Dose zu behalten. Nach 10 Sekunden erzählt er den anderen genau, was er gelesen hat. Wer am meisten behalten kann, hat gewonnen.

Rinder-Roulette

Wie wäre es jetzt mal mit einem Glücksspiel? Ihr braucht kein Geld, spielt einfach mit getrockneten roten Bohnen. Wenn ihr keine roten Bohnen habt, tun es auch getrocknete Maiskörner, Smarties, Gummibärchen, Erdnüsse oder Papierschnitzel. Und so geht das Spiel:

Ihr braucht:

- 2 Würfel
- ab 2 Spieler
- Spielfeld hinten im Buch
- 30 getrocknete rote Bohnen für jeden Spieler

Spielfeld und Würfe

- Schaut euch erst mal das Spielfeld an. Es gibt mehrere Ovale um den Küchenwagen und das Lagerfeuer in der Mitte. Ganz innen ein Oval mit Zahlen, dann eins mit Bildern und ganz außen eins mit Würfeln. Ihr müsst beim Spiel auf alle drei achten.
- Verteilt an alle Cowboys und Cowgirls die gleiche Anzahl Bohnen. Dann wird der Reihe nach mit einem Würfel gewürfelt. Wer die höchste Zahl hat, darf anfangen.
- Im Spiel wird mit zwei Würfeln gewürfelt und die Augenzahl der beiden Würfel zusammengezählt.

Bohnen und volle Felder

- Die Bohnen kommen als Einsatz auf die Bildfelder. Wenn ihr euren Wurf zusammengerechnet habt, sucht ihr das entsprechende Zahlenfeld und legt eure Bohne auf das Bildfeld, das dazu gehört. Ihr setzt also eine Bohne.
- Trefft ihr auf ein »volles« Feld, braucht ihr nichts hinzulegen, sondern dürft alle Bohnen darauf wegnehmen. Ein Feld ist voll, wenn die gleiche Anzahl Bohnen daliegt, wie die Zahl für das Feld lautet.

Regeln

- Bei 3, 4, 5, 6, 8, 9, 10, 11 das entsprechende Zahlenfeld suchen und eine Bohne auf das Bildfeld darunter legen. (Vorsicht: Bei einem »vollen« Feld keine Bohne hinlegen, sondern alle Bohnen auf diesem Feld wegnehmen!)
- Werft ihr bei den Cowboyfeldern (4, 6, 8, 10) die Würfel genau so, wie sie am äußeren Rand aufgemalt sind, alle Bohnen aus dem Bildfeld nehmen, auch wenn das Feld noch nicht voll ist.
- Bei einer 7 immer eine Bohne in das Feld mit dem Topf legen und keine Bohnen wegnehmen. Werft ihr die Würfel wie im äußeren Kreis (als 3 und 4), dann zwei Bohnen hineinlegen. Der Bohnentopf wird auf die Dauer ganz schön voll!
- Bei einer 2 (1. Glücksfeld mit Rindern) alle Felder des Spielfeldes leerräumen bis auf die 7, den Bohnentopf.
- Bei einer 12 (2. Glücksfeld mit Rindern) alle Felder und den Bohnentopf leeren.
- Wer keine Bohnen mehr zum Setzen hat, scheidet aus.
- Wer als Letzter im Spiel ist, bekommt alle Bohnen, die noch auf dem Spielfeld sind.
- Wer die meisten Bohnen hat, ist Rinderkönig und gewinnt.